Toutes les nuances de

Titre original : Shades of green
Publié en 2016 par ZS Verlag GmbH

Direction éditoriale : *Kathrin Ullerich*
Recettes et textes : *Tanja Dusy*
Photographies : *Monika Schürle, Maria Grossmann*
Stylisme : *Susanne Walter*
Assistante photo : *Susanne Walter*

Pour l'édition en langue française :
Traduction : *Sylvie Girard-Lagorce*
Couverture : *Julia Philipps*
Mise en page : *Sébastien Chenaud*
Fabrication : *Laurence Duboscq*
Photogravure : *APS Chromostyle*

© Éditions Solar, Paris, 2017
ISBN : 978-2-263-15029-6
Code éditeur : S15029
Dépôt légal : mai 2017
Imprimé en Espagne par Macrolibros

Tanja Dusy

Toutes les nuances de

GREEN

PRENEZ GOÛT
À LA CUISINE VÉGÉTARIENNE

SOLAR
EDITIONS

Sommaire

Les recettes sont accompagnées
des symboles suivants :

Vegan   Cru   Sans gluten

Manger green

Des restaurants chics aux cafés à la mode, des sandwichs à emporter aux sucreries du boulanger, les tentations sont partout ! Le supermarché ? Un pays de cocagne où il suffit de choisir. Avec cette abondance, nous devrions déborder d'énergie. Et pourtant, c'est le contraire qui se produit : on grossit, on prend du poids, on tombe malade. Un coup d'œil dans le Caddie à la caisse et l'explication s'impose : parmi les emballages de toutes les couleurs, le vert fait défaut !

Dans mon panier, il y a du vert, de toutes les nuances… sous forme de légumes, de salades croquantes, d'avocats, de fruits, de pousses, de germes et d'herbes. Mon objectif ? Rester mince et en bonne santé, être de bonne humeur et limiter les médicaments. Et parce que j'aime bien manger, la fascinante palette des délices verts m'inspire tous les jours pour cuisiner. Avec ce livre, j'aimerais vous proposer des plats où le vert rime avec diversité gourmande et se présente sous son jour le plus séduisant.

Manger green, c'est créer des plats végétariens, loin des tristes recettes sans viande ou des succédanés à base de soja.

Manger green, c'est manger bio, choisir des aliments non transformés dont l'origine est connue, qu'il s'agisse de légumes, de fruits et de tous les produits du règne végétal.

Manger green et bio, c'est choisir une alimentation qui intègre les derniers acquis de la diététique moderne : des recettes à base de glucides lents, riches en substances saines apportées par les légumes verts.

Manger green, c'est manger sain, en tirant profit de toutes les ressources vitales de la nature, qui nous donnent force, santé et beauté.

Enfin, manger green, c'est prendre plaisir à préparer et déguster les plats du quotidien. Ce livre vous offre une vaste gamme de recettes où vous pourrez puiser chaque jour pour les adapter à votre convenance ou découvrir de nouveaux univers gustatifs. Plongez avec gourmandise dans *Toutes les nuances de green*.

Tanja Dusy

Qu'est-ce que la cuisine green ?

Il faut bien l'admettre : il suffit de regarder autour de soi pour constater que minceur et bien-être ne sont pas au rendez-vous. Pour inverser la tendance, adoptez le vert ! Car avec toute sa gamme de nuances, il permet de multiples combinaisons culinaires. Découvrez tous ces légumes et passez au vert !

Passez au vert !

Pour celles et ceux qui ont fait de la minceur, du bien-être,
de la santé et de la beauté un art de vivre, un seul mot d'ordre :
misez sur le vert, rien que le vert !

RETOUR AUX SOURCES

Le fait de manger ne peut se réduire à un simple passe-temps, aussi agréable soit-il. Car outre le plaisir que cela nous procure, notre organisme, nos sentiments, notre humeur en retirent un profit immédiat. Manger plus sain pour avoir une jolie silhouette, être disponible et ouvert aux autres, et toujours d'attaque, voilà ce que chacun de nous désire. Mais il y a loin de la théorie à la pratique, des souhaits aux petits arrangements secrets – « Trois fois par jour, je bois un smoothie antitoxines acheté en grande surface, je ne mange presque rien, pas de grignotages et jamais de sucreries » – ou des règles adoptées et vite oubliées. Même certains végétariens abandonnent au bout d'un certain temps. Quant aux soi-disant superaliments, ils se révèlent bien souvent sans grand effet notable.

Nous devrions mieux faire confiance à notre instinct primaire et consommer du vert à foison, avec un seul mot d'ordre : retour aux sources ! Revenons aux tiges, aux feuilles, aux germes et aux jeunes pousses, aux fruits, aux graines et aux céréales complètes. Bref, à tous ces végétaux qui se composent de tout ce dont notre organisme a besoin pour fonctionner encore mieux. Bon par définition et pour peu qu'il soit frais et proposé sans aucune transformation industrielle, le légume constitue le véritable superaliment, celui qui apporte force, énergie, santé et bonne humeur. Inutile de chercher des recettes compliquées, voici un panier de légumes bon marché, qui offre de multiples possibilités, toutes plus délicieuses les unes que les autres. Alors n'hésitez plus, et mettez-vous au vert.

Franchement, combien de fruits et légumes par jour ?

Si, comme le dit l'adage, une pomme par jour tient le médecin à distance… cinq fruits et légumes par jour constituent la consommation recommandée par les organismes de santé européens, soit environ 400 g de légumes et 250 g de fruits. Et les études les plus récentes parues au Royaume-Uni vont même jusqu'à sept. Alors, tenez-vous la distance ? Mangez-vous réellement cette quantité de légumes et de fruits frais tous les jours ? En faisant le choix du vert, vous verrez qu'il est plus simple qu'il n'y paraît d'y arriver.

LE VERT REND MINCE...

Imaginez un hamburger bien épais et juteux dans un joli pain blanc moelleux et à côté une assiette creuse remplie d'un monceau de légumes, des brocolis par exemple, avec un peu de riz complet. Aussitôt, le hamburger vous fait saliver, vous l'engloutissez en un rien de temps, le taux de sucre dans votre sang grimpe sans attendre, et vous ressentez un pur plaisir. Mais, la dernière miette avalée, vous avez l'impression d'avoir mangé du vent, et la frustration revient. L'assiette de brocolis, c'est vrai, paraît un peu moins attrayante, mais elle possède des qualités cachées qui vont la rendre irrésistible.

Outre les protéines et les lipides qu'il contient, le hamburger apporte surtout des glucides en abondance, qui fournissent rapidement de l'énergie mais font aussi grossir. Si certains diététiciens préconisent parfois des régimes sans glucides, c'est une erreur de les éliminer complètement. L'organisme, surtout le cerveau, en a besoin pour fonctionner correctement, et quiconque a supprimé depuis longtemps les pâtes de son alimentation le sait bien : sans glucides, la mauvaise humeur revient au galop. C'est pourquoi je choisis sans hésiter l'assiette de brocolis au riz complet, une parfaite association de glucides lents, dits aussi complexes, et de légumes verts.

Du concret avant tout...

Les glucides, appelés aussi « hydrates de carbone » ou plus couramment « sucres » en raison de leur goût, se présentent sous forme de sucres simples : saccharose (sucre en morceaux), glucose ou fructose (dans les fruits). En se combinant entre eux, ces sucres simples donnent des sucres plus complexes ou polysaccharides (amidon de la pomme de terre et des céréales). Les sucres simples sont absorbés particulièrement vite et passent directement dans le sang pour parvenir dans les cellules, ce qui provoque une forte montée de la glycémie (taux de sucre dans le sang), suivie d'une baisse aussi brutale. En revanche, les glucides lents sont d'abord transformés en glucides simples dans l'intestin grâce aux enzymes de la digestion. Ce processus prend un certain temps, de sorte que la glycémie monte lentement. Parallèlement, le pancréas doit délivrer moins d'insuline pour stabiliser le taux de sucre que dans le cas d'une brusque attaque de sucres simples. Concrètement, cela signifie que l'organisme est rassasié plus longtemps.

Les légumes, surtout verts, contiennent peu d'hydrates de carbone et sont, naturellement, des glucides lents. Associés avec d'autres glucides lents – les produits non transformés à base de céréales complètes, de fruits secs et de graines figurent ici en haut de la liste –, ils jouent forcément la carte de la minceur. Et si vous adorez le hamburger, mettez-le dans un petit pain complet, avec de la salade, des germes et des crudités : le taux de sucre montera moins vite dans le sang, le pancréas délivrera moins d'insuline, la satiété durera plus longtemps... et les kilos en trop commenceront à fondre.

UN TABOU ? PARLONS-EN !

Préférez-vous manger vite fait, debout dans un café, ou vous installer pour déguster tranquillement votre repas en prenant tout votre temps, ce qui fait intervenir tous vos sens ? L'acte même de manger détermine la suite dans notre organisme. Avalés à la va-vite ou bien mâchés, les aliments passent dans l'estomac avant de parvenir dans l'intestin, organe d'une grande sensibilité, parfois sollicité si violemment qu'il génère certains effets… plutôt dérangeants : flatulences, ballonnements, constipation ou diarrhée. Quiconque néglige son intestin souffrira tôt ou tard des conséquences de son comportement : fatigue, manque de tonus, peau terne, voire inflammations. Alors, comment lui venir en aide dans son travail quotidien ? Tout simplement en l'activant, sans le surcharger. Et c'est là qu'interviennent les végétaux : riches en fibres, ou « aliments de lest », selon une formule moins élégante. Les légumes frais, les fruits, les légumes secs et les céréales complètes fournissent à l'organisme suffisamment de glucides lents non digestibles, qui s'ils ne sont pas transformés en énergie, sont néanmoins loin d'être inutiles. Car lorsque nous mangeons de belles fibres végétales et des céréales complètes, nous déchargeons l'intestin, dès la première bouchée, d'une bonne part de son travail. Nous mâchons plus longtemps et plus fortement, la salivation est accrue et les enzymes digestives que contient la salive sont activées. Nous constatons à temps que nous sommes rassasiés. À l'inverse, les aliments insuffisamment mâchés surchargent le transit, car ils sont avalés si vite que le seuil de satiété ne peut pas être atteint naturellement.

Tandis que les autres nutriments utiles de notre alimentation comme l'amidon, le sucre ou les protéines sont déjà décomposés dans l'estomac, les fibres parviennent intactes jusque dans le

gros intestin. Durant ce transit, elles absorbent beaucoup d'eau, gonflent et facilitent l'élimination des selles, qui sont alors plus molles et favorisent le rejet plus rapide de substances toxiques. De plus, même si les fibres ne fournissent pas directement de l'énergie, certaines sont enrichies de bactéries intestinales utiles qui contribuent à renforcer le système immunitaire.

LE RÉGIME DE BRIDGET JONES

Un travail stressant dans une métropole branchée, un cercle d'amis intimes, une consommation excessive de vin rouge, la cigarette, et l'espoir d'avoir une silhouette sans défaut et de rencontrer le prince charmant : désolée, mais il s'agit d'un mauvais scénario ! Les erreurs alimentaires répétées, l'absence d'activité physique ou tout simplement le stress du quotidien finissent par marquer la peau, les cheveux, la silhouette et l'humeur, tout en rendant l'organisme plus exposé aux maladies. Pour changer cela, il faut faire marche arrière, bouger davantage et mieux manger. Heureusement, nous avons à notre disposition de précieux amis qui peuvent nous aider à mieux maîtriser le quotidien et ses effets néfastes. Les légumes et les fruits frais, les germes ou les algues contiennent de précieux antioxydants qui nous protègent contre les perpétuelles agressions de l'extérieur, sous la forme de vitamines (C et E), d'oligoéléments (fer, zinc, sélénium) ou de nutriments végétaux secondaires. Ces derniers sont des substances qui n'existent que dans les plantes, et que les plantes elles-mêmes utilisent comme protection contre les nuisibles, les micro-organismes et les rayons UV. Mais elles aident aussi l'organisme à rester plus sain et plus vif. Bien qu'encore peu étudiées, de nombreuses substances végétales secondaires ont des effets bénéfiques réels : elles favorisent l'antioxydation, empêchent les inflammations, font baisser la tension, renforcent les défenses immunitaires, renouvellent les cellules, etc. Le vert est donc le meilleur des médicaments et le moins coûteux, un soin de beauté parfait, un antivieillissement efficace, tout simplement un véritable superaliment.

TROIS REPAS PAR JOUR

Être rassasié, ne plus avoir sans cesse faim, telle est la clé pour rester mince et en harmonie avec soi-même. Quiconque se laisse séduire en permanence par de séduisantes friandises est perdant. 4 à 5 heures sont nécessaires entre chaque repas pour que le niveau d'insuline, qui remonte après chaque absorption d'aliments, se normalise à nouveau. Et c'est lorsqu'il reste bas de manière constante que l'organisme peut commencer à puiser naturellement dans les réserves de graisses. Si l'on mange tout le temps, si l'on grignote toute la journée, l'insuline reste dans le sang, et il est impossible de perdre du poids.

Trois repas par jour suffisent amplement, et avec les recettes proposées dans ce livre, c'est un jeu d'enfant. Au début, vous serez peut-être surpris des petites quantités dans l'assiette, mais cette verdure associée à d'autres aliments riches en fibres va vous mettre sans problème à l'abri des fringales et des grignotages intempestifs. Si, néanmoins, vous ressentez une petite faim, prenez une poignée de crudités avec un dip ou quelques noix, croquez une pomme, absorbez quelques gorgées de smoothie vert ou un bol de bouillon. Et buvez toujours en abondance : non seulement c'est un moyen de calmer la faim, mais cela contribue à un bon transit en faisant gonfler les fibres. Du même coup, l'intestin, la digestion et le poids sont réconciliés.

Venons-en au fait !

Pour manger vert, il faut faire la cuisine. Pas de pizza surgelée, pas de plats tout prêts. Mais au contraire, des achats raisonnés, et un minimum de temps consacré à préparer, éplucher, mélanger. Pénible ? Non, du plaisir à portée de main !

Le choix de vos aliments devrait vous demander autant d'efforts que ce que vous avez de plus cher, car ce n'est pas dans une sandwicherie ou une supérette de produits discount que vous allez les trouver. Devant les produits finis et les aliments tout prêts bourrés d'additifs, passez votre chemin. Dirigez-vous plutôt vers ceux que vous pouvez toucher, prendre en main. Votre nouveau terrain de chasse, c'est le rayon des fruits et légumes. Privilégiez le plus possible les produits de saison et locaux. Tout ce qui vous tente doit être de première fraîcheur, croquant, mûr et juteux, mais sans négliger pour autant les fruits ou légumes un peu flétris, tachetés ou rabougris, preuve qu'ils n'ont pas été traités : la perfection dans l'apparence trahit souvent un passage dans des serres artificielles. Pour votre cuisine, choisissez des végétaux qui ont bénéficié du soleil, du vent ou de la pluie et qui, par conséquent, sont riches de nutriments.

Fréquentez le plus possible les marchés, soutenez les agriculteurs bio et les petits producteurs du coin. Faites-en vos alliés, et ils vous vendront leurs meilleurs produits. À ce sujet, c'est dans le domaine du bio que se font les plus belles découvertes, car les agriculteurs plantent des variétés oubliées dont les saveurs, et même souvent les nutriments, constituent un apport très positif : des tomates de toutes les couleurs, des concombres et des aubergines à l'amertume séduisante ou encore des variétés de choux au goût épicé original. Si le temps vous manque, ne vous interdisez pas les légumes surgelés ou en conserve, car ces produits sont en général cueillis à maturité, transformés rapidement et souvent plus « frais » que certains autres stockés depuis un peu trop longtemps.

Cru, tel que sorti de terre

Au-delà de 42 °C environ, de nombreux nutriments sont détruits par la cuisson. C'est pourquoi il est recommandé de manger tous les jours une bonne portion de crudités (salades notamment) ou de boire les légumes sous la forme de jus ou de smoothies. C'est la manière la plus simple de « manger vert » sans perdre trop de temps en cuisine. Si la consommation de crudités riches en fibres vous occasionne des flatulences et des ballonnements, évitez les variétés comme le chou ou le brocoli si vous ne les avez pas au préalable fait blanchir à l'eau bouillante. Sinon, la règle est la suivante : remplacez progressivement les produits raffinés (pain blanc) par des produits entiers (pain complet) ; laissez gonfler les fruits secs une nuit dans l'eau et buvez (1,5 litre d'eau par jour de préférence).

DU VERT AVANT TOUT

Dans vos repas, les légumes doivent toujours jouer le rôle principal. Bien sûr, cette règle de base s'adapte à la situation, l'essentiel étant d'introduire du vert chaque fois que possible : transformez votre tartine beurre-fromage en sandwich green en ajoutant des crudités, des germes et du cresson ; mangez de la salade avant le plat principal ou préparez une salade composée copieuse. Si vous préférez un plat chaud, optez pour la potée, facile à préparer, dont il existe de nombreuses variantes et que l'on peut même préparer la veille en puisant dans ses réserves de légumes frais ou surgelés.

Si vous n'avez pas le temps de cuisiner ou que vos occupations professionnelles vous en empêchent, veillez simplement à ce que la moitié, voire les deux tiers, de votre assiette soit pleine de légumes frais et/ou de salade. Complétez ensuite cette portion indispensable avec des produits laitiers ou à base de soja, des légumes secs et, pour les non-végétariens, du poisson ou de la viande maigre pour apporter des protéines. Répétons-le, la moitié de l'assiette doit être réservée à des glucides lents (sans oublier le pain complet). Et vous pouvez appliquer facilement cette règle au restaurant ou à la cantine.

NE PAS SE PRENDRE LA TÊTE

Le hamburger a-t-il finalement eu raison de vous ? Le chocolat était-il trop tentant ? Et vous venez d'apprendre que le pain blanc fait grossir… Pas de panique, détendez-vous. Vous ne pouvez pas tout réussir parfaitement en un seul jour, en renonçant à tout (ce qui est « mauvais ») et en adoptant la dernière trouvaille diététique. Les petites erreurs ou défaillances ne sont pas tragiques. Il n'est pas facile de changer d'habitudes alimentaires du jour au lendemain, et rares sont ceux, d'ailleurs, qui y parviennent. Mais vous verrez que certaines recettes comportent des aliments bien connus et que vous aimez bien, même s'ils sont tous dans la catégorie du vert. Profitez-en et soyez en même temps curieux de goûter ceux que vous ne connaissez pas encore ou que vous avez oubliés. Découvrez des arômes bruts, nature, croquez, grignotez et avalez les légumes sous toutes les formes possibles, laissez-vous surprendre par des combinaisons originales, des mélanges épicés ou foisonnant d'herbes. Prenez les choses en main, au propre comme au figuré : c'est peut-être le début d'une longue et magnifique passion sous le signe du vert.

Les étoiles montantes...

Depuis le tendre germe jusqu'au fruit bien mûr, en passant par la fleur, les plantes poussent et se développent. Et à chaque étape, notre santé en profite. Voici des stars à découvrir.

POUSSES ET GERMES

C'est avec eux que tout commence. Les germes issus des graines, quelles qu'elles soient, contiennent tous les nutriments de la plante future, souvent sous une forme concentrée : vitamines A, C et E, et celles du groupe B. Par exemple, la teneur du sulforaphane, anticancer, présent dans les germes de brocoli, est 50 fois plus élevée que dans le légume lui-même. Simples, frais et bon marché, les germes sont à portée de main (voir p. 22 comment faire germer ses graines).

Au printemps, c'est l'asperge qu'il faut choisir : cette pousse géante est pauvre en calories, augmente à peine le taux de sucre sanguin et facilite le travail du foie et de la bile durant la digestion. Sa teneur en potassium a un effet diurétique et adoucit les éventuels problèmes urinaires. Et peu importe la couleur ! Petit avantage à l'asperge verte : il est inutile de la peler (les nutriments bénéfiques sont situés juste sous la peau) et elle est aussi excellente crue. Atout supplémentaire : de tout temps, l'asperge a été considérée comme un aliment aphrodisiaque, sans doute en raison de sa forme phallique, mais peut-être aussi parce que la vitamine E qu'elle contient favorise la sécrétion des hormones sexuelles.

LE CHOU DANS TOUS SES ÉTATS

Le chou vert fait aujourd'hui figure de chouchou auprès des nutritionnistes d'outre-Atlantique. En Europe, quand on parle « chou », on imagine plutôt des potées au lard et non un superaliment à l'américaine (le fameux kale), consommé cru, sous forme de chips séchées ou juste blanchi. Quand il n'est pas cuit, sa teneur en protéines et en fer équivaut pratiquement à celle d'un steak et sa teneur en calcium vaut celle d'un grand verre de lait. Les vitamines A et E qu'il contient font de lui un aliment « beauté », qui prévient les rides et donne des cheveux brillants. Mais c'est surtout sa forte teneur en chlorophylle et en antioxydants qui en font le leader incontesté des légumes verts. D'autres variétés se rapprochent du chou kale quant à ses nutriments de valeur. Au fil des saisons, on trouve ainsi, parmi les meilleures, le chou kale, le chou noir, les choux de Bruxelles et le chou frisé. Il suffit de 100 g de chou pour couvrir la dose quotidienne recommandée en vitamine C. En outre, sa forte teneur en fibres pour un faible apport calorique en fait un parfait légume minceur. Le brocoli est reconnu comme un formidable aliment anticancer, grâce à une substance végétale secondaire, le sulforaphane, présent également dans les choux de Bruxelles et le chou-fleur, ce dernier souffrant de la comparaison avec ses cousins plus verts bien que sa teneur en vitamines du groupe B soit conséquente.

... et le reste de la constellation

Plus elles sont vertes, meilleures elles sont, le vert étant le signe
d'une richesse en chlorophylle, qui non seulement confère
aux plantes leur couleur, mais les fait également croître
et se développer. Associée aux vitamines, oligoéléments et
substances végétales secondaires, la chlorophylle transforme
les légumes verts et les herbes en véritables remèdes miracle.

Salades vertes

Une bonne assiette de salade chaque jour vous assure
un effet minceur tout en vous évitant de tomber malade.
Comme tous les légumes à feuilles vertes, c'est un
concentré de nutriments vitaux : vitamines C, A, B1, B2
et B6, magnésium, acide folique, substances végétales
secondaires et chlorophylle. Néanmoins, seules les
salades fraîches de plein champ contiennent des
substances vitales en forte concentration. Donc, évitez
les produits cultivés sous serre. En hiver, choisissez
la mâche, la chicorée, l'endive et la trévise, ces deux
dernières contenant de surcroit de la lactucopicrine,
qui favorise la bonne digestion.

Cresson

De nos jours, le cresson de fontaine occupe
la première place dans la liste, établie par les
chercheurs américains, des légumes les plus riches
sur le plan nutritif. Outre le calcium et le fer, le
cresson de fontaine, ainsi que le cresson alénois
et la capucine, sont riches en glucosinolates, des
substances végétales secondaires aux remarquables
effets antibactériens. Le cresson est également
efficace contre les rhumes et réputé pour l'entretien
de la flore intestinale.

Herbes

Elles ne se limitent pas à « faire joli ».
Ciboulette, basilic, thym ou coriandre,
toutes herbes du quotidien, sont de
véritables panacées. Elles contiennent
de nombreuses substances végétales
secondaires qui aident à rester en bonne
santé. La lutéoline, par exemple, est un
composé miracle présent dans le persil,
la menthe et le romarin. C'est un puissant
antioxydant, qui combat également
les inflammations. Pensez à toujours
en avoir à portée de main.

Algues

En Asie, on recourt depuis longtemps aux atouts des « légumes de
la mer ». Les algues sont très riches en chlorophylle, en protéines,
en acides gras oméga-3, en bêta-carotène et surtout en iode, raison
pour laquelle il est aussi recommandé de ne pas en abuser. Le nori,
le wakame, le kombu, la dulse et l'aramé existent sous forme séchée ;
il suffit de bien les rincer et de les laisser gonfler avant emploi.
Certaines peuvent être saupoudrées directement sur un plat. À titre
de superaliments, la chlorelle et la spiruline sont très appréciées ;
elles sont vendues sous forme de poudre ou de comprimés.

Concombre

Constitué à 97 % d'eau et, à ce titre, prédestiné aux régimes minceur, le concombre est souvent sous-estimé. Il contient du potassium, du magnésium et plusieurs vitamines du groupe B, dont la plus grande partie se trouve directement sous la peau. Mieux vaut donc le choisir bio et ne pas le peler. Autre atout : il contient des substances qui détruisent les bactéries de la cavité buccale.

Poireau

Dans certains restaurants « chic », c'est souvent le blanc du poireau qui est servi, alors que l'essentiel du bêta-carotène se trouve justement dans le vert. Le poireau contient aussi une bonne dose de vitamine C et des oligoéléments. Et si vous avez du mal à digérer l'oignon et l'ail, choisissez ce légume qui fait partie de la même famille mais est plus doux. Tous trois contiennent de l'allicine (responsable de l'odeur alliacée), un puissant antibactérien, qui favorise par ailleurs une bonne digestion.

Épinard et blette

Popeye était en avance sur son temps ! Des chercheurs suédois ont trouvé que l'épinard favorisait le développement musculaire, à condition de faire en même temps une activité physique. Alors, que diriez-vous d'un smoothie à l'épinard comme boisson énergétique dans le cadre d'une séance de fitness ? Il est également efficace contre les fringales au terme d'une séance de sport. Dernière découverte : c'est tout simplement un coupe-faim naturel !

Avocat

Les avocats sont consommés mûrs mais toujours crus,
et leurs précieux composants sont ainsi préservés :
il s'agit de lipides non saturés, qui ne font pas grossir
mais font plutôt baisser le taux de cholestérol ; associés
avec d'autres légumes et fruits (par exemple, dans
des smoothies et des salades), ces lipides
favorisent l'absorption des minéraux
et des vitamines A, D, E et K.

Artichaut

L'inflorescence de l'artichaut est un miracle de la
diététique. Elle est composée de 10 % de fibres,
mais les substances qu'elle contient par ailleurs
peuvent faire baisser le taux de cholestérol et
favoriser le travail de l'estomac, de l'intestin et
de la vésicule biliaire, ce qui permet de mieux
digérer les lipides. S'il est vrai que la plupart des
nutriments se trouvent dans l'artichaut frais,
la préparation de ce dernier justifie qu'on lui
préfère les fonds d'artichaut en boîte.

Céleri branche

Le céleri branche et le céleri-rave appartiennent à la même
famille et ont la même odeur caractéristique. Les branches
de céleri se consomment au même titre que les feuilles,
qui font parfois office d'aromate. Le céleri branche
est riche en potassium, il est efficace contre les gastrites
et joue un rôle non négligeable contre l'hypertension.
Il apporte aussi de la lutéine, un antioxydant efficace.

Faire germer des graines

Bon marché et toujours à portée de main :
les graines germées et pousses que l'on fait soi-même
n'ont besoin que d'un brin de patience.

Pour faire rapidement germer des graines dans un bocal ou un germoir, commencez par les rincer abondamment à l'eau froide dans une passoire. Puis mettez-les dans un bocal (en le remplissant au cinquième ou quart de son volume, car les germes prennent beaucoup de place) et versez dessus 3 fois plus d'eau. Posez un morceau de tissu en coton peu épais maintenu par un élastique. Selon la variété de graines et le mode d'emploi recommandé, laissez gonfler entre 4 et 12 heures. Au bout de ce temps, éliminez l'eau à travers le tissu en coton et rincez les graines en vidant à nouveau l'eau. Placez le bocal à l'envers dans une coupe (les graines ne doivent pas tremper dans l'eau, mais rester bien humides) et laissez germer dans un endroit chaud (20 °C environ), aéré (jamais en plein soleil ou sur un radiateur), en arrosant 2 à 3 fois par jour à l'eau froide et en éliminant l'eau à chaque fois. Remuez le bocal de temps en temps pour que les graines restent bien étalées et ne moisissent pas. La récolte peut se faire au bout de 2 à 8 jours. Rincez les germes, utilisez-les aussitôt ou conservez-les 3 jours au maximum au réfrigérateur dans un sac en plastique.

Une autre technique pour obtenir des pousses vertes ou graines germées consiste à tapisser une coupelle de coton bien mouillé ou d'un torchon humidifié. Étalez dessus des graines assez fines et bien rincées : là aussi, un peu d'attention et un arrosage en temps voulu suffisent. Le support doit toujours être mouillé et jamais sec. Dès que la germination a pris, de fines tiges et les premières petites feuilles apparaissent : la récolte peut commencer.

Les graines plus grosses et plus dures (pois, tournesol, amarante, raifort ou encore orge ou blé) peuvent également donner de cette façon de tendres petites feuilles vertes, mais le résultat est meilleur en pleine terre. Commencez par faire germer les graines dans une coupelle, comme précédemment, puis répartissez-les dans des caissettes remplies de terre. Couvrez-les de papier journal mouillé ou d'un torchon humide et vaporisez-les d'eau 2 à 3 fois par jour. Lorsque les germes ont formé des racines, au bout de 3 à 4 jours, vous pouvez les transplanter dans un endroit ensoleillé et arrosez-les régulièrement, avant de les récolter en les coupant avec des ciseaux.

Les graines d'alfalfa, de radis, de raifort, de fenugrec, de moutarde, de haricots mungo, de lentilles, de céréales (avoiné, blé, orge) sont en vente dans les magasins bio ou de produits diététiques, chez les marchands de graines ou encore sur Internet.

Petit matin green

Ils vous mettent en train dès le matin,
vous font attaquer la journée du bon pied,
entretiennent votre bonne humeur
jusqu'au soir : ce sont les boissons,
smoothies et jus verts à emporter
partout avec soi.
Et rien de tel que des müeslis aux fruits,
une omelette ou de délicieuses tartines
vertes pour un supplément d'entrain !

Smoothie vert à l'herbe de blé

POUR 2 PERSONNES
PRÉPARATION : 10 min
PAR PORTION : 170 kcal

200 g de laitue
1 petite botte d'herbe de blé
(ou 1 cuil. à café d'herbe de blé
en poudre) ✶
1 banane (100 g)
1 pomme verte (granny smith,
100 g)
30 cl de lait de riz
1 trait de jus de citron

Pour éviter que les smoothies verts aient un goût d'herbe, je leur ajoute toujours 1 ou 2 fruits. Mais vous pouvez mettre ce que vous voulez, à condition que ce soit un produit de saison, d'origine locale. Prenez-le plutôt bio, car dans ce cas vous pouvez tout utiliser : la peau, le cœur et le trognon, voire la tige. Vous pouvez aussi enrichir votre smoothie de fines herbes. Et puis, n'hésitez pas à sortir du vert : d'autres couleurs sont possibles !

1 Triez, lavez et séchez la laitue et l'herbe de blé ; ciselez-les grossièrement. Pelez la banane et coupez-la en rondelles. Lavez la pomme et coupez-la en quatre pour éliminer le cœur et les pépins, taillez-la en morceaux..

2 Réunissez la verdure, les fruits et le lait de riz dans un blender ou une centrifugeuse, et mixez. Ajoutez 1 trait de jus de citron et répartissez le smoothie dans 2 verres.

Conseil

Pour créer vous-même des smoothies, adoptez le principe suivant : 2 parts de feuilles vertes (ou de légumes tendres) pour 1 part de fruits tendres (mangue, banane, ananas, mais aussi pêche ou abricot) et 1 part de fruits ou légumes plus durs (pomme, poire, baies surgelées, betterave, brocoli, etc.) complétées de 1½ part de liquide (eau ou jus de fruit, lait végétal).

✶ *Vous pouvez faire pousser vous-même de l'herbe de blé, aussi appelée agropyre (voir p. 22), ou l'acheter en magasin bio.*

Smoothies verts

Vous êtes fan de smoothies ?
Pour concilier votre péché mignon
avec le plein de légumes verts, il suffit
d'ajouter une pincée de vanille, un lait
de céréales bien crémeux ou un morceau
de banane... Et votre smoothie gagnera
en arômes, avec une texture
délicieusement fondante.*

DÉLICE VERT

Triez et lavez **100 g de cresson de fontaine**,
lavez et ciselez **3 feuilles de romaine**. Coupez
et épépinez **1 petite pomme verte**, taillez-la
en morceaux. Pelez **½ mangue mûre** et coupez-
la en morceaux. Réduisez le tout en purée fine
dans un blender ou une centrifugeuse avec
15 cl de lait de riz.

MIRACLE VERT

Parez, lavez et coupez en morceaux **100 g
de brocoli** et **50 g de concombre bio**. Lavez
et séchez **½ bouquet de menthe** et **6 brins de
persil** ; ciselez-les avec les tiges. Réduisez le tout
en purée fine dans un blender ou une
centrifugeuse en ajoutant **½ banane pelée**,
le jus de **1 orange**, **½ c. à s. de jus de
citron vert** et **1 pincée de vanille**.

CHOU KALE ET COCO

Retirez les côtes épaisses de **60 g de chou kale**,
lavez et ciselez les feuilles. Lavez et taillez en
tronçons **1 branche de céleri**. Parez **1 tige de
citronnelle** et hachez finement les 10 cm du bas.
Réduisez le tout en purée fine dans un blender
ou une centrifugeuse en ajoutant **12,5 cl
de lait de coco**.

*Chaque recette est donnée pour 1 verre.
Pour vous accoutumer progressivement
à des smoothies verts, commencez
par ceux plus riches en fruits
et donc plus sucrés (voir p. 30-31).

Forêt d'émeraude à la poire

1 Lavez la poire et coupez-la en quartiers, retirez le cœur et les pépins, puis recoupez les quartiers en dés. Triez, lavez et essorez la roquette et les blettes. Coupez l'orange en deux et pressez-la.

2 Réunissez tous les ingrédients dans un blender ou une centrifugeuse, mixez et répartissez le smoothie dans 2 verres.

Conseil

Je remplace volontiers la moitié des blettes par des feuilles d'ortie. En raison de sa richesse en fer (3 fois plus que l'épinard), l'ortie est recommandée contre la fatigue et l'anémie. Si vous n'avez pas envie d'aller en cueillir dans la nature, vous en trouverez sur un marché bio. Choisissez uniquement les pousses les plus tendres et manipulez-les avec précaution, en portant des gants, car les poils sont urticants.

POUR 2 PERSONNES
PRÉPARATION : 10 min
PAR PORTION : 110 kcal

1 poire williams mûre (200 g)
40 g de roquette
50 g de mini-blettes
1 orange

Coup de fouet à l'épinard

1 Mettez les baies de goji à tremper 1 heure dans 3 cuillerées à soupe d'eau.

2 Triez, lavez et égouttez les pousses d'épinard. Pelez l'avocat et taillez la chair en morceaux. Pelez et hachez grossièrement le gingembre. Lavez les grains de raisin. Épluchez le pamplemousse.

3 Réunissez les baies de goji et les autres ingrédients ainsi que 4 glaçons dans un blender ou une centrifugeuse, et mixez. Répartissez le smoothie obtenu dans 2 verres.

Conseil

Les baies de goji ont fait récemment leur apparition au rayon des superaliments. Traditionnellement utilisées en médecine chinoise pour renforcer le yin par rapport au yang, elles ont un effet bénéfique contre les refroidissements, et le vieillissement en général. Les baies de goji peuvent être plus ou moins sucrées, acidulées voire amères selon leur région d'origine. En été, je les remplace volontiers par des petits fruits rouges ou noirs bien mûrs, comme des groseilles ou du cassis.

POUR 2 PERSONNES
PRÉPARATION : 10 min
TREMPAGE : 1 h
PAR PORTION : 100 kcal

1 cuil. à soupe de baies de goji
40 g de pousses d'épinard
½ avocat
2 cm de gingembre
40 g de grains de raisin blanc
½ pamplemousse

Des boissons toniques

Le matin, à midi ou le soir, ces boissons vous donnent de l'entrain et vous mettent de bonne humeur. Selon votre goût et le moment de la journée, vous pouvez les déguster bien chaudes ou très fraîches. *

THÉ VERT ÉPICÉ

Pilez dans un mortier **6 gousses de cardamome verte**, **5 clous de girofle**, **½ bâton de cannelle et 6 grains de poivre noir**, puis faites griller le mélange. Ajoutez **3 cm de gingembre** pilé dans le mortier et délayé avec **12,5 cl d'eau** bouillie 5 minutes. Ajoutez **2 c. à c. de sucre roux**. Versez **20 cl de lait bouillant** sur le mélange d'épices filtré et ajoutez **½ c. à c. de thé matcha**. Fouettez pour bien mélanger.

LATTE VERT

Faites chauffer **25 cl de lait nature ou de lait de soja** avec **1 étoile de badiane** et la pulpe de **½ gousse de vanille** dans une casserole, laissez bouillonner 3 à 5 minutes. Incorporez **1 à 2 c. à c. de miel ou de sirop d'agave**, et laissez refroidir hors du feu. Retirez l'étoile de badiane et incorporez **½ c. à c. de thé matcha** en fouettant. Continuez à fouetter le mélange jusqu'à consistance mousseuse.

ANTI-GRIPPE VERT

Lavez **½ citron vert bio** à l'eau bouillante, séchez-le et prélevez **2 fines rondelles**, pressez le reste du fruit. Pelez **2 cm de gingembre** et coupez-le en lamelles. Lavez **3 branches de menthe**. Réunissez ces ingrédients dans un verre et versez dessus **25 cl de thé vert** brûlant. Ajoutez **1 c. à s. de sucre de fleurs de coco ou de sirop d'agave** et laissez reposer 1 minute.

Les quantités sont données pour 1 verre. Mes préférées sont des boissons au verre servies « on the rocks », c'est-à-dire avec quelques glaçons ou sur de la glace pilée.

Milk-shake avocat-ananas

1 Coupez l'avocat en deux, retirez le noyau et taillez la chair en morceaux ; mettez-la avec le jus de citron dans un grand verre mélangeur. Coupez l'ananas en morceaux et ajoutez-les.

2 Fendez la ½ gousse de vanille en deux et grattez la pulpe, ajoutez-la dans le verre avec le sirop d'agave et le lait de coco. Mélangez intimement avec un mixeur plongeant. Répartissez le milk-shake dans 2 verres et parsemez-le de fèves de cacao concassées.

Conseil

Comme de nombreux autres fruits, l'ananas est riche en fructose. Quand il est présent en excès, ce sucre simple n'est pas bon pour la santé et fait grossir. Sous forme isolée, très concentré, issu de produits de synthèse, il se dissimule dans de nombreux aliments transformés. Mais si vous renoncez à ce type d'aliments, vous pouvez sans crainte manger des fruits tous les jours : acidulés comme la pomme et les agrumes ou plus « doux » comme la mangue, l'ananas ou la banane. Non seulement les fruits calment naturellement l'envie de sucré, mais ils sont également une source intéressante de nutriments et de fibres.

POUR 2 PERSONNES
PRÉPARATION : 10 min
PAR PORTION : 210 kcal

1 avocat
1 cuil. à soupe de jus de citron
180 g de pulpe d'ananas
½ gousse de vanille
1-2 cuil. à soupe de sirop d'agave
40 cl de lait de coco
2 cuil. à soupe de brisures de cacao ☀

☀ Aucune honte à avoir : le cacao brut est très riche en antioxydants, il fournit de l'énergie et procure un sentiment de plaisir.

Milk-shake banane-matcha

1 Pelez les bananes et coupez-les en rondelles, mélangez-les dans un grand verre mélangeur avec le jus de citron. Ajoutez le lait végétal, le matcha, la cannelle et la cardamome. Mélangez intimement avec un mixeur plongeant. Répartissez le milk-shake dans 2 verres.

2 Lavez et séchez les feuilles de menthe et décorez-en les verres.

Conseil

Le thé matcha est toujours une excellente option : riche en polyphénols antioxydants, il permet de brûler les graisses plus rapidement, active le métabolisme et favorise la baisse du cholestérol. Le matcha, ou thé vert en poudre, contient des polyphénols sous une forme concentrée.

POUR 2 PERSONNES
PRÉPARATION : 10 min
PAR PORTION : 110 kcal

2 bananes
2 cuil. à soupe de jus de citron
20 cl de lait végétal
(soja, avoine ou amande)
1 cuil. à café rase de poudre
de thé matcha
2 pincées de cannelle en poudre
3 pincées de cardamome
en poudre
feuilles de menthe pour décorer

Des jus frais

Une alternative plus légère aux smoothies, parfois épais et copieux ? La boisson détox est un concentré de vitamines sous forme de jus frais. Très pratique, l'extracteur de jus préserve en un instant tous les nutriments des herbes, légumes et racines. *

PRAIRIE D'ÉTÉ

Lavez **250 g de melon** et coupez-le en morceaux avec l'écorce. Lavez **100 g de grains de raisin blanc**. Lavez et séchez **10 g d'herbe de blé** et **3 feuilles de romaine**. Réunissez tous ces ingrédients dans un extracteur de jus en ajoutant **3 cm de gingembre**. Actionnez l'appareil et ajoutez au jus obtenu **2 cuillerées à café de jus de citron vert**.

DÉTOX ASIATIQUE

Brossez **30 g de curcuma** sous l'eau froide et coupez-le en morceaux. Parez, lavez et coupez en morceaux **70 g de chou-fleur** ou **de choux de Bruxelles, 1 branche de céleri** et **150 g de pak-choï**. Réunissez ces ingrédients dans un extracteur de jus en ajoutant **200 g de pulpe d'ananas frais**. Actionnez l'appareil, puis versez le jus dans 1 verre.

RICHE RÉCOLTE

Parez et lavez **200 g de chou kale** et **1 poignée de mâche**. Coupez le chou en morceaux. Lavez et coupez en deux **1 betterave jaune (90 g)** et **1 petite pomme**. Lavez et coupez en morceaux **1 carotte (80 g)**. Lavez **50 g de grains de raisin blanc**. Réunissez tous ces ingrédients dans un extracteur de jus et actionnez l'appareil, puis versez le jus dans 1 verre.

Les quantités sont données pour 1 verre. Le curcuma est bénéfique pour l'estomac, mais surtout pour le foie, l'organe le plus important pour éliminer les toxines.

Smoothie bowl au granola croquant

POUR 2 PERSONNES
PRÉPARATION : 25 min
CUISSON : 25 min
PAR PORTION: 390 kcal

POUR LE GRANOLA :

50 g d'amandes
100 g de flocons d'épeautre
(ou un mélange de flocons
de céréales)
1 cuil. à soupe de graines
de tournesol, autant de graines
de sésame et autant de graines
de chanvre
30 g de noix de coco râpée
¼ de cuil à café de cannelle
2 pincées de gingembre
en poudre
3 cuil. à soupe de sirop d'érable
3 cuil. à soupe d'huile de coco

POUR LE SMOOTHIE :

300 g de romaine
75 g de pousses d'épinard
1 mangue mûre (300 g)
2 dattes séchées
2-3 cuil. à soupe de jus
de citron vert
125 g de framboises

1 Pour le granola, préchauffez le four à 180 °C. Hachez grossièrement les amandes et mélangez-les avec les flocons de céréales, les graines de tournesol, de sésame et de chanvre, ajoutez la noix de coco, la cannelle et le gingembre. Incorporez à la cuillère le sirop d'érable et l'huile de coco en mélangeant.

2 Étalez ce mélange sur la tôle du four tapissée de papier sulfurisé. Enfournez à mi-hauteur et faites dorer 20 à 25 minutes (baissez le four à 160 °C à chaleur tournante), en remuant 1 ou 2 fois. Sortez le granola du four et laissez-le refroidir sur la tôle.

3 Pour le smoothie, parez, lavez et essorez la salade. Ciselez les feuilles. Triez les épinards, lavez-les et épongez-les. Pelez la mangue et prélevez la chair. Coupez les dattes en deux, retirez le noyau et hachez-les grossièrement.

4 Réunissez ces ingrédients dans un blender ou une centrifugeuse avec le jus de citron vert et réduisez le tout en fine purée. Répartissez le smoothie dans 2 bols. Lavez délicatement les framboises et épongez-les. Déposez-les sur le dessus du smoothie en ajoutant 4 à 6 cuillerées à soupe de granola par bol.

Conseil

Conservez le reste de granola dans un bocal fermant hermétiquement et profitez-en à volonté, selon votre goût, avec du lait, du lait d'amande, des fruits ou un bol de smoothie.

Purée de millet
à la banane et aux myrtilles

1 Fendez la ½ gousse de vanille en deux, grattez la pulpe et mettez-la dans une casserole avec la gousse elle-même, le millet, les raisins secs et 30 cl d'eau. Portez à ébullition, couvrez et laissez mijoter 10 à 15 minutes à feu doux, jusqu'à ce que le millet ait entièrement absorbé l'eau.

2 Ajoutez le lait de noix et laissez gonfler la purée de millet encore 5 à 10 minutes, en retirant la casserole du feu en toute fin de cuisson.

3 Pendant ce temps, pelez les bananes et coupez-les en rondelles, mélangez-les avec le jus de citron. Lavez les myrtilles et égouttez-les. Incorporez la moitié des rondelles de banane dans la purée de millet. Répartissez cette purée dans 2 coupes, ajoutez sur le dessus le reste des bananes et les myrtilles.

Conseil

Pourquoi aller chercher loin ce que l'on a sous la main ? Il n'y a pas que le quinoa des Andes : le millet de chez nous est également un excellent aliment sans gluten, riche en protéines et de digestion facile, favorisant la bonne santé de la peau, des cheveux et des ongles.

POUR 2 PERSONNES
PRÉPARATION : 30 min
CUISSON : 25 min
PAR PORTION: 510 kcal

½ gousse de vanille
180 g de millet
1 cuil. à soupe de raisins secs
25 cl de lait de noix
de macadamia
(ou d'autres noix ou fruits secs)
2 bananes
1 cuil. à soupe de jus de citron
125 g de myrtilles

Flocons de quinoa à la noix de coco

1 La veille, réunissez dans un récipient hermétique les flocons de quinoa, la noix de coco, les graines de chanvre, les canneberges et le lait de coco. Mélangez et laissez reposer toute la nuit au réfrigérateur.

2 Le jour même, pelez l'orange à vif avec un couteau bien aiguisé. Coupez-la en quartiers et taillez-les en fines lamelles. Taillez aussi la pulpe d'ananas en fines tranches.

3 Remuez le mélange qui a reposé pendant la nuit, répartissez-le dans 2 bols et ajoutez les fruits frais sur le dessus. Parsemez-les de brisures de cacao.

Conseil

Si en été vous trouvez de belles pêches bien juteuses ou en automne des quetsches ou du raisin, profitez-en pour varier la garniture de ce müesli au gré de vos envies et de votre humeur

POUR 2 PERSONNES
PRÉPARATION : 10 min
TREMPAGE : 12 h
PAR PORTION: 370 kcal

6 cuil. à soupe de flocons
de quinoa
3 cuil. à soupe de noix
de coco râpée
1 cuil. à soupe
de graines de chanvre
2 cuil. à soupe de canneberges
18 cl de lait de coco
1 orange
120 g de pulpe d'ananas
1 cuil. à soupe
de brisures de cacao

Flocons de céréales aux baies

1 La veille, réunissez dans un récipient fermant bien les flocons de céréales, les graines de lin, les raisins secs, 2 cuillerées à soupe de souchet ou de noisettes, la pulpe de vanille, le lait d'amande et le miel ou sirop d'érable. Mélangez et laissez reposer toute la nuit au réfrigérateur.

2 Le jour même, lavez la pomme, coupez-la en quartiers, retirez le cœur et les pépins. Râpez-la grossièrement en ajoutant le jus de citron et incorporez le tout aux flocons de céréales. Répartissez cette préparation dans 2 bols.

3 Lavez et séchez les baies et ajoutez-les sur le dessus. Hachez grossièrement les pistaches décortiquées et ajoutez-les également, avec la poudre d'herbe de blé et le reste de souchet ou de noisettes.

Conseil

Les graines de lin ont les mêmes propriétés de superaliment que les graines de chia, prisées des Amérindiens de l'époque précolombienne, et que l'on redécouvre aujourd'hui. Afin qu'elles déploient tous leurs atouts, écrasez-les ou, du moins, mâchez-les bien.

POUR 2 PERSONNES
PRÉPARATION : 10 min
TREMPAGE : 12 h
PAR PORTION : 270 kcal

4 cuil. à soupe de flocons
aux trois céréales
1 cuil. à soupe de graines de lin
1 cuil. à soupe de raisins secs
3 cuil. à soupe de lamelles de
souchet ou de noisettes effilées
La pulpe de ¼ de gousse
de vanille
12,5 cl de lait d'amande
1 cuil. à soupe de miel
ou de sirop d'érable
1 petite pomme
1 cuil. à café de jus de citron
125 g de baies mélangées
1 cuil. à soupe de pistaches
1 cuil. à café rase d'agropyre
ou herbe de blé en poudre

Pancakes au lait de coco et au sirop vert

POUR 2 PERSONNES
PRÉPARATION : 30 min
REPOS : 15 min
CUISSON : 8 min
PAR PORTION : 500 kcal

POUR LES PANCAKES :

1 cuil. à soupe d'huile de coco
10 cl de lait de coco (ou autre lait végétal)
1 œuf (ou 1 cuil. à soupe de farine de soja)
80 g de farine d'épeautre complète
¼ de cuil. à café de levure chimique
Huile de coco pour la cuisson
Sel

POUR LE SIROP VERT :

3-4 cuil. à soupe de sirop d'érable
1 cuil. à soupe de tahin (pâte de sésame)
¼ de cuil. à café de spiruline en poudre (magasins bio)

POUR LA GARNITURE :

1 banane
1 cuil. à café de jus de citron
1 kiwi
125 g de myrtilles

1 Pour les pancakes, faites fondre l'huile de coco si nécessaire dans une petite casserole à feu doux. Mélangez au fouet dans une terrine l'huile de coco, le lait de coco et l'œuf. Mélangez par ailleurs la farine avec 1 pincée de sel et la levure, versez le tout dans la terrine et mélangez jusqu'à consistance homogène. Laissez reposer la pâte 15 minutes.

2 Pendant ce temps, mélangez intimement le sirop d'érable avec le tahin et la poudre de spiruline. Pelez la banane, coupez-la en rondelles et arrosez-la de jus de citron. Pelez le kiwi et coupez-le également en rondelles. Lavez et essuyez les myrtilles.

3 Faites chauffer un peu d'huile de coco dans une grande poêle (ou 2 poêles plus petites). Versez la pâte par cuillerées et étalez-la en 8 petits disques. Faites cuire 2 à 4 minutes à feu moyen jusqu'à ce que le dessus soit ferme puis retournez les pancakes et faites-les dorer également de l'autre côté. Servez-les encore chauds avec les fruits et le sirop vert.

Conseil

Le sirop vert ajoute une touche sucrée aux pancakes. Mais vous pouvez également incorporer 1 à 2 cuillerées à soupe de sirop d'érable directement dans la pâte. Parfois, j'ajoute quelques rondelles de banane et des myrtilles (même surgelées) sur la pâte dans la poêle et je fais cuire les fruits en même temps que la pâte. Pour un petit déjeuner vegan, remplacez l'œuf de la pâte par de la farine de soja.

Tartinades vertes

Que de bienfaits réunis dans une pâte à tartiner ! Ces crèmes ne sont pas seulement délicieuses sur des tranches de pain, elles sont tout aussi géniales comme dips avec des crudités ou pour garnir des wraps végétariens. *

CRÈME GRECQUE À LA FETA

Faites griller à sec **2 c. à s. de pignons de pin**. Pelez et hachez **1 gousse d'ail**. Émiettez **100 g de feta** ; hachez **120 g de cœurs d'artichaut à l'huile**. Mettez le tout dans un verre mélangeur avec **3 c. à s. de persil haché, 1 c. à s. d'aneth ciselé** et **1 c. à s. d'huile d'olive**. Réduisez le tout en purée fine avec un mixeur plongeant. Salez, poivrez et ajoutez un peu de **piment**.

CRÈME D'AVOCAT

Coupez **1 avocat** en deux et retirez le noyau. Pelez-le et écrasez la chair à la fourchette avec **2 c. à s. de jus de citron vert**. Lavez et concassez **1 tomate**. Parez, lavez et émincez finement **2 ciboules**. Mélangez le tout avec **du sel, du poivre, ½ c. à c. de cumin en poudre** et un peu de jus de citron vert.

TARTINADE JAPONAISE

Pelez et émincez finement **1 échalote** et **2 cm de gingembre**. Dans une petite casserole, faites revenir **l'échalote** avec **1 c. à s. d'huile d'olive**. Ajoutez le gingembre, **150 g de fèves edamame surgelées** et **15 cl de bouillon de légumes** ; faites mijoter 10 minutes. Ajoutez **1 c. à c. de wasabi en poudre, 2 traits de jus de citron**, salez et poivrez ; laissez refroidir. Réduisez en purée.

Les quantités sont données pour 3 à 4 portions. Ces tartinades sont meilleures fraîchement préparées et dégustées de suite, mais vous pouvez les conserver sans problème 2 à 3 jours au réfrigérateur.

Pain d'épeautre au levain et aux graines

POUR 2 PAINS (DE 850 G, 18 TRANCHES CHACUN)
PRÉPARATION : 45 min
POUSSE : 12 h
REPOS : 1 h
CUISSON : 35 min
PAR TRANCHE : 130 kcal

50 g de chaque variété des graines suivantes : quinoa rouge, sésame, lin, potiron, tournesol et millet
200 g de graines germées de blé (ou de seigle)
3 cuil. à soupe d'extrait de malt (magasins bio)
½ cube de levure de boulanger (21 g)
400 g de farine d'épeautre (T630)
200 g de farine d'épeautre complète
2 cuil. à café de sel (15 g)
10 g de levain en poudre (ou 50 g de levain liquide)
150 g de fromage blanc maigre
Farine pour travailler la pâte

1 La veille, rincez le quinoa à l'eau bouillante dans une passoire pour éliminer les substances amères. Mélangez le quinoa, toutes les autres graines et le millet dans un saladier, versez 25 cl d'eau bouillante, couvrez et laissez reposer toute la nuit (au moins 12 heures).

2 Le jour même, rincez à l'eau froide les graines germées de blé dans une passoire et égouttez-les. Mélangez-les avec 2 cuillerées à soupe d'extrait de malt. Mélangez la levure dans une coupelle avec le reste d'extrait de malt et 10 cl d'eau tiède. Réunissez les farines dans le bol d'un robot muni du crochet avec le sel et le levain en poudre (si vous prenez du levain liquide, mélangez-le avec la levure). Ajoutez le fromage blanc, le contenu de la coupelle et 10 cl d'eau tiède. Pétrissez le tout 4 minutes à petite vitesse. Continuez à pétrir 4 minutes en augmentant la vitesse d'un cran, tout en ajoutant, cuillerée par cuillerée, le mélange de graines ; ajoutez enfin les graines germées.

3 Pétrissez la pâte sur le plan de travail fariné, formez une boule, couvrez-la d'un torchon. Laissez-la reposer environ 30 minutes en l'aplatissant 1 ou 2 fois puis en rabattant les bords vers l'intérieur pour former à nouveau une boule. Partagez la pâte en deux, façonnez chaque moitié en miche et poudrez-les de farine. Déposez-les sur la tôle du four tapissée de papier sulfurisé et laissez reposer sous un torchon encore 30 minutes.

4 Préchauffez le four à 250 °C (la chaleur tournante n'est pas recommandée). Faites chauffer dedans une plaque à rôtir remplie d'eau. Sortez-la et enfournez aussitôt les pains à mi-hauteur et faites-les cuire 10 minutes. Baissez la température à 210 °C et poursuivez la cuisson 30 à 35 minutes jusqu'à ce que les pains soient bruns (ils doivent sonner creux quand on les tapote par en dessous). Sortez-les du four et laissez-les refroidir.

Bolée de légumes et de germes au fromage frais

POUR 2 PERSONNES
PRÉPARATION : 20 min
PAR PORTION : 340 kcal

1 concombre bio
1 carotte
1 petit avocat
1 cuil. à café de jus de citron
6 tomates cocktail
1 bouquet d'herbes mélangées
2 ciboules
100 g de germes de blé
ou de lentilles (voir p. 22)
150 g de fromage frais
en faisselle
1 petite barquette de cresson
2 cuil. à soupe d'huile d'olive
Sel et poivre du moulin

Pour commencer la journée en mode minceur, remplacez votre müesli habituel par ce mélange de crudités et de germes, garant d'une belle silhouette. Des céréales germées, du cresson frais et des légumes croquants… tout ce qu'il faut pour attaquer la journée en légèreté.

1 Lavez le concombre et coupez-le en quatre dans la longueur, retirez les graines et retaillez les quartiers en petits morceaux. Pelez la carotte et râpez-la grossièrement.

2 Coupez l'avocat en deux et retirez le noyau. Pelez l'avocat et taillez la chair en petits dés, arrosez-les de jus de citron. Lavez les tomates et coupez-les en quartiers. Mélangez tous ces ingrédients, salez et poivrez. Répartissez-les dans 2 bols ou assiettes creuses.

3 Lavez et séchez les fines herbes, ne les ciselez pas trop finement. Parez et lavez les ciboules, émincez séparément le blanc et le vert. Rincez abondamment les germes de blé ou de lentilles et égouttez-les. Mélangez le fromage frais avec les germes, le blanc des ciboules et un bon tiers des fines herbes. Salez et poivrez. Ajoutez ce mélange sur les légumes.

4 Ajoutez ensuite le cresson, le vert des ciboules et le reste des fines herbes sur le mélange au fromage frais. Arrosez d'huile. Si vous en aimez le goût, vous pouvez ajouter quelques paillettes de piment.

Conseil

Variez les légumes selon la saison et le marché. À la place du fromage frais, vous pouvez aussi prendre du fromage blanc brassé, du yaourt nature ou du yaourt de soja.

Omelette verte aux petits pois

1 Parez et lavez les ciboules, émincez finement le blanc et le vert séparément. Faites chauffer ½ cuillerée à soupe d'huile dans une poêle ou une casserole et faites-y fondre le blanc des ciboules. Ajoutez les petits pois, versez le bouillon et laissez mijoter a découvert, jusqu'à ce que le liquide soit évaporé.

2 Pendant ce temps, lavez et épongez les herbes, prélevez les feuilles et ciselez-les finement, séparément. Incorporez l'estragon aux petits pois, mélangez et versez dans une assiette creuse ; laissez tiédir.

3 Cassez 1 œuf en séparant le blanc du jaune. Fouettez le blanc en neige ferme avec 1 pincée de sel. Battez le jaune avec les œufs entiers, salez, poivrez et ajoutez la muscade, puis incorporez le blanc d'œuf en neige.

4 Faites chauffer le reste d'huile dans une poêle et versez les œufs battus, faites-les cuire en ramenant les bords vers le milieu. Dès que l'omelette commence à prendre, déposez dessus les petits pois, le vert des ciboules et les pluches de cerfeuil. Finissez de faire cuire l'omelette et servez-la roulée ou plate et partagée en deux, selon votre goût.

Conseil

Aussi précieuse sur le plan nutritif qu'un petit steak, l'omelette est sans conteste la reine des régimes végétariens, dont on peut profiter dès le matin. Les petits pois apportent des protéines et des acides aminés qui forment une association optimale avec les œufs : la formule magique tant pour les muscles que pour la beauté des cheveux.

POUR 2 PERSONNES
PRÉPARATION : 25 min
CUISSON : 5 à 10 min
PAR PORTION : 360 kcal

4 ciboules
1½ cuil. à soupe d'huile d'olive
150 g de petits pois
(frais ou surgelés)
10 cl de bouillon de légumes
2 brins d'estragon
1 poignée de cerfeuil ✳
4 œufs
Sel et poivre du moulin
Noix de muscade
fraîchement râpée

✳ *Le cerfeuil est une véritable plante beauté : riche en vitamines A et C, en fer, en zinc et en magnésium, il a en particulier un effet lissant sur la peau.*

Salades super saines et sandwichs veggie

C'est ici que les salades vertes et tous
les autres légumes frais dévoilent leurs
secrets de santé : en mélanges multicolores
dans le saladier ou,
encore plus attrayants, en wraps,

Salade de petits pois aux pommes de terre

POUR 2 PERSONNES
PRÉPARATION : 30 min
REPOS AU FRAIS : 2 h
CUISSIN : environ 30 min
PAR PORTION : 710 kcal

POUR L'ASSAISONNEMENT :

1 gousse d'ail
12,5 cl de lait
1 boule de mozzarella (125 g)
3 cuil. à soupe d'huile d'olive
Sel et poivre du moulin
1-2 pincées de piment
en paillettes

POUR LA SALADE :

400 g de petites pommes
de terre nouvelles à chair ferme
200 g de pois gourmands
200 g de petits pois (frais
ou surgelés)
½ citron bio
3 ciboules
2 poignées de germes de petits
pois (voir p. 22)
1 poignée de cerfeuil
3 brins de basilic
5 brins d'estragon
Sel et poivre du moulin

1 Pelez la gousse d'ail, coupez-la en deux et mettez-la dans une petite casserole avec le lait. Portez à ébullition, puis laissez cuire 3 minutes environ. Coupez la mozzarella en petits dés. Retirez la casserole du feu, ajoutez la mozzarella dans le lait à l'ail, mélangez et laissez reposer 5 minutes. Incorporez l'huile et réduisez le tout en purée fine avec un mixeur plongeant. Salez et poivrez généreusement, ajoutez le piment, couvrez et laissez reposer l'assaisonnement 2 heures au réfrigérateur.

2 Pendant ce temps, lavez les pommes de terre et faites-les cuire 15 à 20 minutes à l'eau (ou à la vapeur). Égouttez-les et coupez-les encore chaudes en rondelles de 1 cm dans une jatte.

3 Lavez les pois gourmands et effilez-les. Faites cuire les petits pois et les pois gourmands 1 à 3 minutes dans une casserole d'eau salée pour les garder craquants. Rafraîchissez-les sous l'eau froide dans une passoire, égouttez-les bien et mettez-les dans un saladier. Lavez le citron à l'eau chaude et essuyez-le, râpez le zeste et pressez le fruit. Ajoutez le zeste râpé et 2 cuillerées à soupe de jus au mélange de pois, salez et poivrez.

4 Parez et lavez les ciboules, émincez-les avec le vert. Rincez les germes de petits pois dans une passoire et égouttez-les. Lavez, épongez et ciselez les herbes. Ajoutez les pommes de terre, les ciboules, les germes et les herbes au mélange de pois, versez l'assaisonnement dessus et ajoutez un peu de piment. Remuez délicatement la salade avant de servir.

Salade d'asperges au chèvre

1 Lavez les asperges et coupez la base de la tige fibreuse. Détaillez-les en fines lamelles, en allant du bas vers la pointe, avec un couteau Économe. (C'est un peu fastidieux au début, mais on prend vite le tour de main.) Mettez-les dans un plat creux, salez et poivrez.

2 Faites dorer les pignons de pin à sec et laissez-les refroidir dans une assiette. Triez le pourpier et la roquette, lavez et séchez les feuilles. Éliminez les grosses tiges et, si nécessaire, ciselez grossièrement la roquette.

3 Lavez les fraises, essuyez-les et coupez-les en grosses lamelles. Lavez les herbes et épongez-les. Effeuillez l'estragon. Fouettez le jus de citron et l'huile d'olive, salez et poivrez. Vous pouvez ajouter à cette sauce 1 cuillerée à soupe d'huile de noisette.

4 Ajoutez dans le plat des asperges le pourpier, la roquette, les fraises et les herbes, arrosez de sauce et mélangez ; parsemez de pignons de pin et déposez des quenelles de fromage de chèvre dessus.

Conseil

Le pourpier est une authentique salade d'hiver, qui par conséquent ne doit pas provenir d'une culture en serre : c'est la condition indispensable pour bénéficier de tous ses nutriments à savoir potassium, magnésium et fer. La saison du pourpier s'étend de novembre à avril.

POUR 2 PERSONNES
PRÉPARATION : 25 min
PAR PORTION : 420 kcal

500 g d'asperges vertes
2 cuil. à soupe de pignons
de pin
2 poignées de pourpier
1 botte de roquette
125 g de fraises
1 bouquet de cerfeuil
4 brins d'estragon
2-3 cuil. à soupe de jus
de citron
3 cuil. à soupe d'huile d'olive
125 g de fromage de chèvre
frais crémeux
Sel et poivre du moulin

Salade concombre et melon

1 Lavez le concombre et taillez-le en filaments comme des spaghettis avec un coupe-légumes spirale (vous pouvez aussi le couper en deux dans la longueur et l'émincer en fines languettes). Pelez le melon et la pastèque, retirez les graines et taillez la chair en petits morceaux. Réunissez ces ingrédients dans un saladier.

2 Émiettez la feta et ajoutez-la dans le saladier. Faites griller à sec les graines de sésame et de potiron dans une poêle jusqu'à ce qu'elles dégagent leur parfum, puis laissez-les refroidir dans une assiette. Lavez les herbes et épongez-les, prélevez les feuilles et ciselez-les. Parsemez-en la salade.

3 Mélangez dans un bol le vinaigre, le jus de citron et le miel, salez et poivrez. Incorporez l'huile et arrosez la salade de cette sauce, ajoutez les graines de sésame et de potiron et quelques pincées de shichimi togarashi.

Conseil

Quand il fait vraiment chaud et que l'on a besoin de récupérer, cette salade est une véritable aubaine : le concombre, le melon et la pastèque sont pauvres en calories et exercent une action isotonique en apportant en un instant de l'énergie et des oligoéléments à l'organisme. Le shichimi togarashi est un mélange japonais de sept épices, à base de piment rouge, mais qui doit son parfum au zeste de mandarine ; il contient aussi des graines de sésame, de pavot et de chanvre, du sansho (sorte de poivre du Sichuan) et des algues nori. Si vous n'en trouvez pas, vous pouvez le remplacer par du piment en paillettes.

POUR 2 PERSONNES
PRÉPARATION : 25 min
PAR PORTION : 480 kcal

1 petit concombre bio
¼ de melon
1 morceau de pastèque (350 g)
150 de feta
1 cuil. à soupe de graines
de sésame et autant de potiron
5 branches de menthe et autant
de basilic
2 cuil. à soupe de vinaigre de riz
2 cuil. à soupe de jus de citron vert
½ cuil. à café de miel
2-3 cuil. à soupe d'huile
de sésame
Sel et poivre du moulin
Shichimi togarashi

Salade de concombre aux pois chiches grillés

POUR 2 PERSONNES
PRÉPARATION : 20 min
CUISSON : 40 min
PAR PORTION : 350 kcal

1 boîte de pois chiches
au naturel (240 g, poids net
égoutté)
1 gousse d'ail
1 cuil. à soupe d'huile d'olive
1 cuil. à café de garam masala
2-3 pincées de chili en poudre
1 bouquet de coriandre
6 feuilles de menthe
150 g de yaourt nature
½ cuil. à café de cumin
en poudre
1 concombre bio
1 botte de radis
4 tomates olivettes
2 cuil. à soupe de jus de citron
Sel et poivre du moulin

1 Préchauffez le four à 200 °C. Versez les pois chiches dans une passoire, rincez-les et égouttez-les. Pelez et pressez l'ail. Mélangez les pois chiches avec la moitié de l'ail, l'huile, le garam masala et le chili en poudre, salez et poivrez généreusement ; étalez le tout sur la tôle du four tapissée de papier sulfurisé. Enfournez à mi-hauteur (baissez le four à 180 °C à chaleur tournante) et laissez griller 30 à 40 minutes en les remuant jusqu'à ce qu'ils soient bien croustillants.

2 Pendant ce temps, lavez et épongez les herbes, ciselez finement les feuilles de coriandre et de menthe. Mélangez le yaourt avec la moitié des herbes, le reste d'ail et le cumin, salez et poivrez.

3 Lavez le concombre, coupez-le en quatre dans la longueur et émincez-le. Parez et lavez les radis, coupez-les en rondelles. Lavez les tomates et coupez-les en rondelles. Mélangez dans un saladier le concombre, les radis et les tomates en ajoutant le jus de citron. Salez et poivrez. Incorporez le reste des herbes.

4 Laissez tiédir les pois chiches, puis ajoutez-les sur les crudités. Servez la salade avec la sauce au yaourt.

Conseil

Les pois chiches grillés constituent une excellente alternative aux chips et autres amuse-gueule : riches en protéines, en glucides lents et en fibres, mais aussi en acide folique, en cuivre, en fer et en zinc, ils sont un superaliment pour la peau, les cheveux et les os. Préparez-en aussi souvent que possible. L'association est particulièrement bien réussie avec le garam masala, mélange d'épices indien typique (garam signifie « chaud » et masala « épices »).

Salade de printemps au cresson

1 Faites durcir les œufs 10 minutes à l'eau bouillante, rafraîchissez-les à l'eau froide, écalez-les et coupez-les en quartiers. Parez la carotte et le chou-rave (mettez de côté les feuilles tendres du chou-rave), lavez-les, pelez-les et râpez-les grossièrement. Lavez les feuilles de chou-rave, séchez-les et ciselez-les.

2 Parez les radis (mettez de côté les fanes tendres), lavez-les et taillez-les en fines rondelles ; lavez les fanes de radis, séchez-les et ciselez-les. Triez le cresson, lavez-le et égouttez-le. Rincez les germes de betterave dans une passoire et égouttez-les à fond.

3 Faites griller à sec les graines de potiron dans une petite poêle et laissez-les refroidir dans une assiette. Mélangez dans un bol le sirop d'érable, le vinaigre, 2 cuillerées à soupe d'eau et la moutarde. Salez et poivrez, incorporez l'huile en fouettant. Réunissez dans un saladier la carotte, le chou-rave et les radis (avec les feuilles et les fanes réservées), ainsi que le cresson, et ajoutez la sauce. Salez et poivrez. Garnissez avec les œufs durs, les germes de betterave et les graines de potiron.

Conseil

Lorsque le printemps arrive, c'est le moment d'inscrire les œufs au menu ! Ils sont la garantie d'un maximum d'énergie sous une forme réduite, car chaque gramme d'œuf consommé se transforme dans notre organisme en exactement la même quantité de protéines : c'est ce que l'on appelle 100 % de valence biologique. Outre la vitamine C, les œufs fournissent également d'autres vitamines et de nombreux oligoéléments. Les plus riches sur le plan diététique sont les œufs « fermiers », pondus par des poules qui peuvent circuler librement et picorer tout ce qui leur tombe dans le bec.

POUR 2 PERSONNES
PRÉPARATION : 25 min
PAR PORTION : 570 kcal

3 œufs
1 grosse carotte
1 petit chou-rave
1 botte de petits radis
1 botte de cresson de fontaine
100 g de germes de betterave rouge (ou de radis noir)
2 cuil. à soupe de graines de potiron
1 cuil. à soupe de sirop d'érable
2 cuil. à soupe de vinaigre de vin blanc
1 cuil. à café de moutarde
5 cuil. à soupe d'huile
Sel et poivre du moulin

Assaisonnements

Le meilleur conseil minceur ? Une petite salade avant ou après chaque repas ! Elle rassasie, elle regorge de santé et, en plus, c'est un délice ! Peu importe si vous préférez une salade verte ou une salade de crudités, l'essentiel est de bien l'assaisonner ! *

SAUCE AUX HERBES

Lavez, séchez et ciselez **1 poignée d'herbes (ciboulette, persil, basilic, aneth…)**. Mettez-les dans un grand verre mélangeur avec **12,5 cl de lait ribot, ½ c. à c. de moutarde, 1½ c. à s. de vinaigre de cidre et 3 c. à s. d'huile d'olive**. Mélangez intimement avec un mixeur plongeant. Salez et poivrez, ajoutez si vous voulez un peu de **sirop d'érable**. Cette sauce est parfaite pour une salade verte, des crudités ou encore une salade de pommes de terre.

VINAIGRETTE AUX AROMATES

Mélangez **1 c. à c. de moutarde, 2 c. à s. de vinaigre (de vin blanc, rouge ou de cidre), sel et poivre** et, au goût, **2 à 3 c. à s. d'eau**. Incorporez en fouettant **3 à 5 c. à s. d'huile d'olive**. Ajoutez **2 à 4 c. à s. d'herbes ciselées (ciboulette, persil, basilic et aneth…)**. Cette vinaigrette est parfaite avec les salades vertes ou les crudités.

AVOCAT-MAYO

Coupez en deux un **½ avocat mûr**, mettez la chair dans un grand verre mélangeur. Ajoutez **1 c. à s. de jus de citron, ½ c. à c. de moutarde, 1 c. à s. de persil ciselé et 2 c. à s. d'huile de pépins de courge**, salez et poivrez. Réduisez en purée fine à l'aide d'un mixeur plongeant. Cette sauce accompagne bien les crudités de toutes sortes et peut aussi servir de dip.

*Les quantités sont données pour 2 à 4 portions de salade chacune. En ce qui concerne les salades vertes, ne les assaisonnez pas à l'avance, mais ajoutez la sauce juste au moment de servir.

Salade de croûtons au chou noir et aux artichauts

POUR 2 PERSONNES
PRÉPARATION : 30 min
CUISSON : 40 min
PAR PORTION : 500 kcal

POUR LA SALADE :

100 g de pain, de préférence
de la veille (baguette ou pain)
Le jus de 1 citron
6 petits artichauts (180 g) ou,
à défaut, 1 bulbe de fenouil
1 petite aubergine (200 g)
1 grosse gousse d'ail
3 cuil. à soupe d'huile d'olive
120 g de chou noir
2 poivrons piquillos
(ou 1 poivron rouge)
300 g de tomates cocktail
rouges et jaunes
1 bouquet de basilic
8 olives noires
Sel et poivre du moulin

POUR LA VINAIGRETTE :

1 cuil. à soupe de miel
2 cuil. à soupe de vinaigre
de vin rouge
3 cuil. à soupe d'huile d'olive
Sel et poivre du moulin

1 Préchauffez le four à 200 °C. Détaillez le pain en petits dés de 2 à 3 cm et faites-les dorer 10 à 15 minutes sur la tôle du four à mi-hauteur.

2 Pendant ce temps, pressez la moitié du citron dans 25 cl d'eau. Coupez le bout pointu des feuilles des artichauts et retirez les feuilles dures extérieures. Raccourcissez les queues et pelez-les. Coupez les artichauts en quatre et retirez éventuellement le foin avec une petite cuillère. Plongez-les au fur et à mesure dans l'eau citronnée. (Si vous prenez un fenouil, parez-le, lavez-le, coupez-le en cubes de 2 cm). Parez, lavez et essuyez l'aubergine, coupez-la en cubes de 2 cm. Pelez et pressez la gousse d'ail, mélangez-la avec l'huile dans un plat à gratin.

3 Égouttez les quartiers d'artichaut et épongez-les, retournez-les avec les cubes d'aubergine dans l'huile à l'ail, salez et poivrez. Enfournez ce mélange à mi-hauteur et faites cuire 20 à 25 minutes en remuant 1 ou 2 fois.

4 Pendant ce temps, lavez et épongez les feuilles de chou, éliminez les côtes dures et retaillez les feuilles en languettes de 5 mm de large. Mélangez-les avec le reste de jus de citron et 2 pincées de sel. Coupez les poivrons en deux en retirant les graines, lavez-les et taillez-les en lamelles Lavez les tomates et coupez-les en deux. Mélangez ces ingrédients avec les feuilles de chou, salez et poivrez. Lavez et épongez le basilic, ciselez grossièrement les feuilles.

5 Pour la vinaigrette, mélangez le miel et le vinaigre, salez et poivrez, incorporez l'huile d'olive. Sortez les légumes du four et laissez-les refroidir. Mélangez-les ensuite avec la vinaigrette, les olives et le chou noir aux poivrons et tomates. Incorporez enfin les croûtons de pain et le basilic. Laissez reposer 10 minutes avant de servir la salade.

Salade de brocoli aux épinards et sauce sésame

POUR 2 PERSONNES
PRÉPARATION : 25 min
PAR PORTION : 420 kcal

POUR L'ASSAISONNEMENT :

3 cuil. à soupe de tahin
(pâte de sésame)
2 cuil. à café de pâte de miso
Les jus de 1 citron et de 1 orange
½-1 cuil. à café de sauce
piquante (par ex. sriracha)
Sel et poivre du moulin

POUR LA SALADE :

300 g de brocoli (sans la tige)
1 petit poivron jaune
1 carotte
2 branches de céleri
80 g de pousses d'épinard
1 petit avocat
1 bouquet de ciboulette
Sel et poivre du moulin

1 Préparez l'assaisonnement en mélangeant dans un bol le tahin et la pâte de miso avec le jus du citron et celui de l'orange, et éventuellement 1 à 3 cuillerées à soupe d'eau (selon la consistance souhaitée). Salez et poivrez, ajoutez un peu de sauce piquante.

2 Lavez le brocoli et séparez les bouquets ; détaillez les plus gros en lamelles. Coupez le poivron en deux en retirant les graines, lavez-le et coupez-le en dés de 1 cm. Pelez la carotte et râpez-la grossièrement. Parez les branches de céleri, lavez-les et émincez-les. Triez, lavez et essorez les épinards. Coupez l'avocat en deux et retirez le noyau, pelez la chair et taillez-la en dés de 1 cm. Lavez la ciboulette, épongez-la et ciselez-la.

3 Réunissez dans un saladier les brocolis, le poivron, la carotte et le céleri, salez et poivrez légèrement. Versez l'assaisonnement et mélangez. Incorporez délicatement les épinards, les dés d'avocat et la ciboulette. Vous pouvez aussi ajouter 4 cuillerées à soupe de germes de brocoli.

Conseil

Au Japon, ce n'est pas la pomme qui éloigne le médecin, comme dit chez nous le dicton, ce sont les plats au miso. La pâte de miso, à base de haricots de soja fermentés, entretient une bonne flore intestinale à condition de ne pas la chauffer trop fort (c'est pourquoi on l'incorpore dans des liquides tièdes ou à température ambiante). Selon les variétés, elle se compose uniquement de haricots de soja ou d'un mélange de haricots de soja et de riz ou d'orge.

Salade de haricots verts au quinoa et aux blettes

1 Préchauffez le four à 200 °C. Rincez le quinoa dans une passoire à l'eau très chaude pour en éliminer les substances amères. Faites-le cuire ensuite 20 minutes dans 15 cl d'eau salée, puis laissez gonfler à couvert à feu éteint.

2 Pendant ce temps, étalez les noisettes sur la tôle du four et faites-les dorer 10 à 12 minutes à mi-hauteur. Mettez les noisettes dans un torchon et frottez-les pour éliminer la pellicule brune qui les enveloppe. Laissez-les refroidir et coupez-les en deux avec un couteau bien aiguisé.

3 Parez les haricots, lavez-les et faites-les cuire 7 à 10 minutes à l'eau salée en les gardant croquants. Rafraîchissez-les sous l'eau froide dans une passoire. Triez les blettes, lavez-les et essorez-les. Pelez l'oignon et taillez-le en petits dés. Lavez l'estragon et séchez-le, ciselez les feuilles.

4 Pour l'assaisonnement, mélangez dans un bol la moutarde, le sirop d'érable et le vinaigre, salez et poivrez, puis incorporez l'huile. Mélangez dans un plat creux le quinoa et les haricots verts encore tièdes, les noisettes, l'oignon et la sauce. Salez, poivrez, puis incorporez les blettes et les herbes.

Conseil

Petits grains, grands effets : le quinoa est à coup sûr un superaliment pour tous ceux et celles qui ont choisi une alimentation végétarienne, vegan ou sans gluten. Ces grains d'origine inca apportent en effet tout ce dont on a besoin pour être en bonne santé : des protéines, des acides aminés essentiels, des oligoéléments et des sels minéraux.

POUR 2 PERSONNES
PRÉPARATION : 40 min
CUISSON : 20 min
PAR PORTION : 660 kcal

POUR LA SALADE :

70 g de quinoa rouge
40 g de noisettes
500 g de haricots verts
100 g de mini-blettes
1 oignon rouge
3 brins d'estragon
2 cuil. à soupe bombées d'aneth ciselé et autant de persil
Sel et poivre du moulin

POUR L'ASSAISONNEMENT :

1½ cuil. à café de moutarde à l'ancienne
1½ cuil. à café de sirop d'érable
3 cuil. à soupe de vinaigre de vin blanc
5 cuil. à soupe d'huile d'olive
Sel et poivre du moulin

Salade de chou kale à l'avocat et aux agrumes

POUR 2 PERSONNES
PRÉPARATION : 30 min
CUISSON : 1 h
PAR PORTION : 880 kcal

POUR L'ASSAISONNEMENT :

1 orange bio
2-3 cuil. à soupe de vinaigre de vin blanc
2 cuil. à soupe de miel
1 pincée de safran en poudre
2 cuil. à soupe d'huile d'olive
Sel et poivre du moulin

POUR LA SALADE :

250 g de feuilles de chou kale bien tendres
2 cuil. à soupe de jus de citron
1 orange navel et 1 orange sanguine
1 mandarine
180 g de topinambours
1 avocat
200 g de halloumi (fromage grec à griller)
2 cuil. à soupe d'huile d'olive
Sel

1 Pour l'assaisonnement, lavez l'orange à l'eau chaude, puis coupez à vif chaque extrémité ; coupez-la ensuite en deux dans la hauteur, taillez ces moitiés en rondelles de 5 mm d'épaisseur en retirant les pépins. Mettez-les dans une petite casserole avec 1 cuillerée à soupe de vinaigre, le miel, le safran et environ 20 cl d'eau ; laissez frémir 1 heure à feu doux, jusqu'à consistance sirupeuse ; les rondelles d'orange doivent être très ramollies. Si nécessaire, rajoutez un peu d'eau pendant la cuisson. Laissez refroidir le sirop avec les morceaux d'orange.

2 Lavez et parez les feuilles de chou, retirez les grosses côtes et taillez les feuilles en fines languettes. Mettez-les dans un plat creux avec 1 cuillerée à soupe de jus de citron et un peu de sel.

3 Pelez les 2 oranges à vif. Coupez-les en deux dans la hauteur, puis retaillez les moitiés en lamelles. Pelez la mandarine et recoupez les segments en morceaux. Lavez les topinambours, émincez-les finement et mélangez-les avec le reste de jus de citron. Coupez l'avocat en deux et retirez le noyau, pelez la chair et taillez-la en fines tranches. Ajoutez l'avocat, les agrumes et les topinambours au chou kale.

4 Réduisez les morceaux d'orange avec leur sirop en purée fine avec un mixeur plongeant. Mélangez 3 cuillerées à soupe de cette purée d'oranges avec le reste de vinaigre, l'huile et suffisamment d'eau pour obtenir une sauce fluide. Salez et poivrez.

5 Coupez le halloumi en cubes. Faites chauffer l'huile dans une poêle et faites-y dorer les cubes de fromage. Assaisonnez la salade avec la sauce en remuant délicatement, salez et poivrez. Parsemez la salade de cubes de fromage grillé.

Salade tiède de lentilles au radicchio

POUR 2 PERSONNES
PRÉPARATION : 25 min
CUISSON : 30 min
PAR PORTION : 580 kcal

POUR LA SALADE :

125 g de lentilles vertes du Puy
(voir le conseil)
1 échalote
1 cuil. à soupe d'huile d'olive
25 cl de bouillon de légumes
3 petites betteraves rouges
(ou d'une autre couleur)
1 petite tête de radicchio
1 poignée de mâche
6 brins d'aneth
½ bouquet de persil
Sel et poivre du moulin

POUR L'ASSAISONNEMENT :

1 cuil. à soupe de moutarde
2 cuil. à soupe de sirop d'érable
2-3 cuil. à soupe de vinaigre
de xérès
2 cuil. à soupe d'huile d'olive
2 cuil. à soupe d'huile
de noisette
Sel et poivre du moulin

1 Rincez les lentilles dans une passoire et égouttez-les. Pelez et taillez l'échalote en petits dés. Faites chauffer l'huile dans une casserole, ajoutez l'échalote et faites-la fondre, puis ajoutez les lentilles et le bouillon. Laissez cuire 30 minutes à feu doux.

2 Pendant ce temps, préparez la sauce en mélangeant dans un bol la moutarde, le sirop d'érable et le vinaigre, salez et poivrez, puis incorporez les huiles en fouettant. Égouttez les lentilles dans une passoire, versez-les dans un saladier, ajoutez la sauce et mélangez. Laissez tiédir.

3 Pelez les betteraves et émincez-les très finement (mettez des gants pour éviter de colorer vos mains en rouge). Nettoyez, lavez et essorez les feuilles de radicchio et la mâche. Ciselez le radicchio. Lavez et séchez les herbes, ciselez grossièrement les sommités d'aneth et les feuilles de persil. Ajoutez ces ingrédients aux lentilles et rectifiez l'assaisonnement en sel et en poivre.

Conseil

Les lentilles du Puy doivent leurs propriétés au lieu où elles sont cultivées, Le Puy-en-Velay, en Auvergne : elles sont encore vertes, c'est-à-dire pas encore parvenues à l'entière maturité ; c'est pourquoi elles contiennent moins d'amidon, donc moins de glucides, et restent un peu fermes à la cuisson.

Salade d'automne multicolore à la betterave rouge

1 Pour la salade, pelez la carotte et le panais, puis râpez-les grossièrement. Coupez les feuilles de la betterave, lavez-les, éliminez les tiges et ciselez les feuilles. Pelez la betterave et râpez-la elle aussi, grossièrement (en mettant des gants pour éviter de vous tacher les mains).

2 Rincez les germes de haricots mungo dans une passoire et égouttez-les. Lavez et séchez le persil, ciselez les feuilles. Lavez et égouttez les mûres.

3 Faites griller les graines de tournesol et les noix dans une petite poêle à sec et laissez-les refroidir dans une assiette. Hachez grossièrement les noix. Réunissez tous les ingrédients de la salade dans un plat creux.

4 Pour l'assaisonnement, mélangez le vinaigre avec du sel et du poivre dans un bol et incorporez l'huile. Arrosez la salade avec cette sauce, mélangez et rectifiez l'assaisonnement en sel et en poivre.

Conseil

Les betteraves rouges sont bénéfiques pour l'estomac, l'intestin, la vésicule biliaire et le cœur. Elles contiennent en effet une substance appelée « bétaïne », qui exerce aussi une influence positive sur la bonne humeur. La plupart des nutriments sont concentrés dans les feuilles, ainsi que dans les bulbes, à condition qu'ils ne soient pas cuits : un double atout pour cette salade.

POUR 2 PERSONNES
PRÉPARATION : 30 min
PAR PORTION : 440 kcal

POUR LA SALADE :

1 grosse carotte
1 petit panais
1 betterave rouge crue
avec les feuilles (voir le conseil)
50 g de germes
de haricots mungo
1 bouquet de persil
125 g de mûres
2 cuil. à soupe de graines
de tournesol
30 g de noix
Sel et poivre du moulin

POUR L'ASSAISONNEMENT :

2 cuil. à soupe
de vinaigre balsamique blanc
3 cuil. à soupe d'huile d'olive
Sel et poivre du moulin

Salade César au chou kale

Le plus bel atout de cette salade, c'est le chou kale, merveilleusement croquant et bien plus intéressant sur le plan culinaire qu'on ne pourrait le penser. Il se marie ici à l'italienne avec du parmesan et des pignons de pin : une combinaison irrésistible.

1 Pour la salade, lavez les feuilles de chou et épongez-les, éliminez les grosses côtes, et émincez les feuilles pas trop finement dans un plat creux ; salez et poivrez, arrosez de jus de citron et laissez reposer environ 1 heure.

2 Pour l'assaisonnement, tous les ingrédients doivent être à température ambiante. Lavez et épongez l'estragon, prélevez les feuilles et hachez-les finement. Pelez la gousse d'ail et pressez-la dans un grand verre mélangeur. Ajoutez l'œuf, la moutarde, 8 cl d'huile d'olive et l'huile de pépins de courge. Mélangez intimement avec un mixeur plongeant, en ajoutant éventuellement un peu d'huile d'olive. Ajoutez le jus de citron, salez et poivrez, puis incorporez l'estragon.

3 Faites griller à sec les pignons de pin dans une petite poêle et laissez-les refroidir dans une assiette. Parez les branches de céleri, lavez-les et émincez-les. Pelez le panais et râpez-le grossièrement. Lavez la pomme, coupez-la en quartiers, retirez le cœur et les pépins, taillez les quartiers en dés et citronnez-les. Ajoutez la pomme, le céleri émincé et le panais râpé à la salade de chou.

4 Versez la sauce sur la salade et ajoutez le parmesan. Mélangez. Rectifiez l'assaisonnement en sel, poivre et jus de citron. Parsemez de pignons de pin avant de servir la salade.

POUR 2 PERSONNES
PRÉPARATION : 30 min
REPOS : 1 h
PAR PORTION : 770 kcal

POUR LA SALADE :

350 g de feuilles de chou kale
bien tendres
2 cuil. à soupe de jus de citron
1 cuil. à soupe
de pignons de pin
3 branches de céleri
1 panais (80 g)
1 pomme (granny smith
par ex.)
2 cuil. à soupe de parmesan râpé
Sel et poivre du moulin

POUR L'ASSAISONNEMENT :

2 brins d'estragon
1 petite gousse d'ail
1 gros œuf
1 cuil. à café de moutarde
8-10 cl d'huile d'olive
2 cuil. à soupe d'huile de pépins
de courge
2 cuil. à soupe de jus de citron
Sel et poivre du moulin

Rouleaux de printemps et sauce mandarine

POUR 2 PERSONNES
PRÉPARATION : 50 min
PAR PORTION : 470 kcal

POUR LES ROULEAUX :

1 botte de cresson de fontaine
100 g de pulpe d'ananas
1 grosse carotte
1 mini-concombre bio
50 g de germes de betterave
rouge
2 ciboules
2 brins de basilic thaï
2 cuil. à soupe de graines
de sésame
150 g de tofu fumé
1 cuil. à café de sauce soja
8 feuilles de riz (22 cm
de diamètre environ)

POUR LA SAUCE :

½ piment rouge
3 cuil. à soupe de jus de citron
vert
4 cuil. à soupe de jus
de mandarine fraîchement pressé
1 cuil. à café de sirop d'érable
1½ cuil. à soupe de sauce soja
1½ cuil. à café de vinaigre de riz

1 Pour les rouleaux, triez, lavez et essorez le cresson. Taillez la pulpe d'ananas en petits dés. Pelez la carotte et taillez-la en filaments dans la longueur ou émincez-la en languettes et recoupez celles-ci en filaments. Lavez le concombre, coupez-le en deux, puis en quartiers dans la longueur, retirez les graines et retaillez les quartiers en minces languettes.

2 Rincez les germes de betterave dans une passoire et égouttez-les. Parez les ciboules lavez-les et émincez-les finement. Lavez le basilic, épongez-le et ciselez grossièrement les feuilles. Faites griller les graines de sésame à sec dans une poêle jusqu'à ce qu'elles dégagent leur parfum. Coupez le tofu en tranches, puis celles-ci en minces languettes et mélangez-les avec la sauce soja.

3 Versez de l'eau tiède dans un plat creux, puis plongez dedans les feuilles de riz l'une après l'autre jusqu'à ce qu'elles soient bien ramollies. Garnissez les feuilles de riz l'une après l'autre en les mettant sur un torchon : déposez dessus, au milieu, un peu de légumes, d'ananas, de germes, de cresson, de ciboule, de tofu et de basilic ; parsemez quelques graines de sésame. Rabattez les feuilles de riz à droite et à gauche sur la garniture, puis enroulez-les de bas en haut en pressant un peu pour former des rouleaux qui se tiennent.

4 Pour la sauce, fendez le piment en deux, éliminez les graines, lavez-le et taillez-le en petits dés. Mélangez dans un bol le jus de citron vert et le jus de mandarine avec le sirop d'érable, la sauce soja, le vinaigre, 4 à 5 cuillerées à soupe d'eau et le piment. Laissez la sauce reposer un peu avant de la servir avec les rouleaux de printemps.

SALADES SUPER SAINES ET SANDWICHS VEGGIE

Sandwich vietnamien aux galettes de tempeh

POUR 2 PERSONNES
PRÉPARATION : 40 min
CUISSON : 5 min
PAR PORTION : 800 kcal

1 Pour les galettes de tempeh, pelez et pressez l'ail. Mélangez-le avec la sauce soja, le sirop d'érable, le vinaigre, la sauce au piment et le jus des oranges. Découpez le tempeh en tranches de 1 cm d'épaisseur.

2 Pour la mayo au tofu, lavez et essorez la coriandre, prélevez les feuilles. Pelez l'ail et pressez-le dans un grand verre mélangeur. Coupez le tofu en petits morceaux et ajoutez-le à l'ail avec la coriandre, l'huile et le jus de citron vert. Réduisez le tout en purée fine avec un mixeur plongeant, salez et poivrez.

3 Faites chauffer de l'huile dans une poêle et faites-y dorer les tranches de tempeh 3 à 5 minutes de chaque côté, jusqu'à ce qu'elles soient croustillantes. Égouttez-les sur du papier absorbant. Essuyez la matière grasse de la poêle et versez le mélange au jus d'orange. Faites bouillir, puis laissez mijoter jusqu'à consistance sirupeuse. Salez et remettez les tranches de tempeh dans la poêle. Laissez mijoter en retournant les galettes jusqu'à ce qu'elles soient bien enrobées de sirop.

4 Pendant ce temps, fendez les pains en deux dans la longueur et tartinez chaque face de mayo au tofu. Lavez et essorez les feuilles de salade et les herbes. Déchirez les feuilles de salade en bouchées. Mélangez les feuilles des herbes avec les pickles égouttés. Garnissez chaque moitié de pain avec la salade et les galettes de tempeh, répartissez dessus les pickles, recouvrez du demi-pain restant et pressez légèrement.

Conseil

Quand je n'ai pas le temps de préparer des pickles moi-même, je les remplace simplement par de fines rondelles de concombre ou de radis rose, noir ou blanc, préalablement salées et poivrées.

POUR LES GALETTES DE TEMPEH :

½ gousse d'ail
2 cuil. à café de sauce soja
3 cuil. à café de sirop d'érable
2 cuil. à soupe de vinaigre de riz
ou de vin blanc
1 cuil. à café de sauce piquante
Le jus de 2 oranges
200 g de tempeh
Huile d'olive pour la cuisson
Sel

POUR LA MAYO AU TOFU :

½ bouquet de coriandre
½ gousse d'ail
200 g de tofu soyeux
3 cuil. à soupe d'huile d'olive
1½ cuil. à café de jus
de citron vert
Sel et poivre du moulin

POUR LA GARNITURE :

2 petits pains longs
8 feuilles de salade
½ bouquet de coriandre
4 brins de menthe
½ portion de pickles asiatiques
(voir p. 146 et conseil)

Sandwich Bombay

POUR 2 PERSONNES
PRÉPARATION : 50 min
REPOS : 12 h 15
CUISSON : 50 min
PAR PORTION : 630 kcal

POUR LES SANDWICHS :

80 g de haricots mungo séchés
2 pommes de terre
1 betterave rouge cuite
1 grosse carotte, ¼ de
concombre bio
4 cm de gingembre
½ gousse d'ail
1 cuil. à café de garam masala
¾ de cuil. à café de cumin
en poudre
½ cuil. à café de curcuma
1 cuil. à soupe de coriandre
2-3 cuil. à soupe de farine
de pois chiches
2-3 cuil. à soupe d'huile
4 tranches de pain complet
Sel et poivre du moulin

POUR LE CONDIMENT :

20 g de menthe
50 g de coriandre
½ gousse d'ail
1 piment vert
40 g de pulpe de coco
2 cuil. à soupe de jus de citron
Sel et poivre du moulin

1 La veille, mettez les germes de haricots mungo séchés à tremper dans une grande quantité d'eau. Le jour même, égouttez-les dans une passoire et faites-les cuire 25 à 30 minutes dans 25 cl d'eau (ils doivent rester entiers). Salez-les, égouttez-les dans une passoire et laissez-les refroidir. Dans le même temps, faites cuire les pommes de terre 20 à 25 minutes à l'eau salée. Égouttez-les et laissez-les tiédir.

2 Pendant ce temps, lavez et essorez la menthe et la coriandre, coupez les grosses tiges et ciselez grossièrement les feuilles ; pelez la gousse d'ail. Lavez le piment et émincez-le finement avec les graines. Coupez en morceaux la pulpe de noix de coco. Réunissez ces ingrédients avec le jus de citron et 3 à 5 cuillerées à soupe d'eau dans un mixeur et réduisez le tout en purée, salez et poivrez.

3 Coupez la betterave en fines tranches. Pelez la carotte et taillez-la en longs rubans avec un couteau Économe. Lavez le concombre et taillez-le en fines rondelles. Par ailleurs, pelez les pommes de terre et écrasez-les finement à la fourchette. Écrasez grossièrement à la fourchette les haricots mungo. Pelez le gingembre et l'ail, taillez-les en petits dés. Mélangez le tout dans un grand bol avec les épices et la coriandre hachée, salez et poivrez généreusement, et incorporez suffisamment de farine de pois chiches pour que la purée soit bien liée. Laissez reposer 15 minutes, puis façonnez 8 palets.

4 Faites chauffer un peu d'huile dans une poêle et faites-y dorer les palets en plusieurs fois, 10 minutes environ sur chaque face. Faites griller les tranches de pain et tartinez-les de condiment vert. Garnissez 2 toasts avec du concombre, posez un palet poêlé dessus, tartinez de condiment, ajoutez des lamelles de carotte ; posez encore un palet poêlé, puis du condiment vert et des rondelles de betterave. Recouvrez d'un toast et pressez légèrement. Coupez les sandwichs en diagonale ou en quartiers, et maintenez-les avec une pique en bois.

Socca aux asperges et à l'ail des ours

POUR 2 PERSONNES
PRÉPARATION : 40 min
REPOS : 1 h
CUISSON : 40 min
PAR PORTION : 830 kcal

POUR LA SOCCA :

160 g de farine de pois chiches
½ cuil. à café de cumin
en poudre
½ gousse d'ail
6 cuil. à soupe d'huile d'olive
Huile d'olive pour la cuisson
Sel

POUR LA GARNITURE :

300 g d'asperges vertes
½ gousse d'ail
4 cuil. à soupe d'huile d'olive
8 tomates séchées à l'huile
50 g de roquette et autant
de pousses d'épinard
3 ciboules
4 branches de basilic
10 feuilles d'ail des ours
1 cuil. à café de miel
1 cuil. à soupe de vinaigre
balsamique
150 g de ricotta
Sel et poivre du moulin

1 Pour la socca, mélangez au fouet dans une terrine la farine de pois chiches, le cumin, ½ de cuillerée à café de sel et 30 cl d'eau. Pelez et pressez l'ail, incorporez-le avec 2 cuillerées à soupe d'huile. Laissez reposer la pâte 1 heure.

2 Pendant ce temps, lavez les asperges, pelez le tiers inférieur et coupez la base fibreuse. Pelez l'ail et émincez-le. Faites chauffer 2 cuillerées à soupe d'huile dans une poêle et faites-y dorer les asperges 3 à 5 minutes avec l'ail. Salez et poivrez.

3 Coupez les tomates à l'huile en petits morceaux ; triez, lavez et essorez la roquette et l'épinard ; éliminez les grosses tiges. Parez les ciboules, lavez-les et émincez-les. Lavez les herbes, épongez-les et prélevez les feuilles.

4 Préchauffez le four à 220 °C et faites chauffer à mi-hauteur une poêle allant au four (26 à 28 cm de diamètre, de préférence en fonte). Sortez la poêle (attention, elle est brûlante) et versez 2 cuillerées à soupe d'huile en remuant pour bien répartir l'huile. Versez la moitié de la pâte dedans et lissez le dessus. Remettez la poêle dans le four (200 °C à chaleur tournante) et faites-y cuire la socca 15 à 18 minutes jusqu'à ce qu'elle soit dorée et croustillante. Sortez la poêle, prélevez délicatement la socca et posez-la dans une assiette chauffée ; tenez-la au chaud sous un torchon. Faites cuire la seconde socca de la même façon.

5 Mélangez dans un bol le miel et le vinaigre, salez et poivrez, incorporez le reste de l'huile. Assaisonnez avec cette sauce les tomates, la roquette, l'épinard et les ciboules dans un plat creux. Garnissez chaque socca chaude avec la moitié de ce mélange et la moitié des asperges. Répartissez la ricotta ainsi que les herbes et poivrez avant de servir.

Wrap aux patates douces et à la roquette

1 Préchauffez le four à 200 °C. Pelez les patates douces et coupez-les en cubes de 1 cm. Fendez les poivrons en deux et retirez les graines, lavez-les et taillez-les en languettes. Pelez la gousse d'ail et coupez-la en petits dés. Lavez et épongez le thym, prélevez les feuilles et hachez-les. Versez le tout dans un plat à gratin avec 2 cuillerées à soupe d'huile, salez et poivrez. Faites cuire environ 25 minutes au four à mi-hauteur (baissez à 180 °C à chaleur tournante), en remuant 1 ou 2 fois. Sortez le plat du four et laissez tiédir.

2 Pendant ce temps, lavez les tomates et taillez-les en petits dés, en éliminant le pédoncule. Lavez et essorez la roquette et le basilic, éliminez les grosses tiges de la roquette et prélevez les feuilles. Prélevez les feuilles de basilic et ciselez-les. Émiettez grossièrement la feta.

3 Mélangez dans un bol la moutarde, le sirop d'agave et le vinaigre, salez et poivrez. Incorporez le reste d'huile. Assaisonnez dans un plat creux la roquette et les tomates avec cette sauce.

4 Faites griller ou réchauffer les tortillas selon le mode d'emploi indiqué sur l'emballage. Posez-les à plat sur le plan de travail. Répartissez le mélange de roquette et de tomates au centre de chaque tortilla. Ajoutez le mélange de patates douces et de poivrons, parsemez de basilic et de feta. Rabattez les tortillas, à droite et à gauche, pour enfermer la garniture, puis enroulez-les de bas en haut pour former les wraps. Vous pouvez selon votre goût les laisser entiers ou les couper en deux.

POUR 2 À 4 PERSONNES
PRÉPARATION : 55 min
CUISSON : 25 min
PAR PERSONNE (POUR 4) :
500 kcal

400 g de patates douces
2 petits poivrons rouges
1 gousse d'ail
6 brins de thym
5 cuil. à soupe d'huile
2 tomates
1 botte de roquette
½ bouquet de basilic
100 g de feta
½ cuil. à café de moutarde
1 cuil. à café de sirop d'agave
2 cuil. à soupe de vinaigre balsamique
4 tortillas à la farine de maïs
Sel et poivre du moulin

Soupes et bouillons

Bouillons légers et aromatiques, parfaits
contre les fringales ; petites soupes
crémeuses pour un dîner léger ou potées
plus consistantes réunissant le meilleur en
un seul plat, tous nous réchauffent l'âme
et le corps, excitent nos papilles et nous
offrent des saveurs à satiété !

Minestrone de haricots, fenouil et millet

POUR 2 PERSONNES
PRÉPARATION : 40 min
CUISSON : 25 min
PAR PORTION : 570 kcal

1 petit oignon
1 gousse d'ail
2 tomates
1 carotte
1 chou-rave
100 g de haricots verts
1 petit bulbe de fenouil
2 cuil. à soupe d'huile d'olive
2 cuil. à soupe
de concentré de tomate
100 g de petits pois écossés
(frais ou surgelés)
100 g de flageolets (frais
ou surgelés)
70 cl de bouillon de légumes
(tout prêt ou maison,
voir conseil)
70 g de millet
3 cuil. à soupe de persil ciselé
Sel et poivre du moulin

1 Pelez l'oignon et l'ail, puis taillez-les en petits dés. Lavez les tomates et coupez-les en morceaux après avoir retiré le pédoncule. Pelez la carotte et le chou-rave, taillez-les en petits dés. Parez et lavez les haricots verts. Parez le fenouil, lavez-le et coupez-le en quartiers, éliminez la base trop dure ; recoupez les quartiers en deux et taillez-les en morceaux.

2 Faites chauffer l'huile dans une marmite et faites-y revenir l'oignon et l'ail ; incorporez le concentré de tomate, puis ajoutez les tomates et poursuivez la cuisson 2 à 3 minutes. Versez 5 cl d'eau ou de vin blanc et portez à ébullition. Ajoutez les légumes préparés, les petits pois et les flageolets ; versez le bouillon de légumes et laissez mijoter 20 minutes à feu doux. Salez et poivrez.

3 Pendant ce temps, faites bouillir 20 cl d'eau dans une casserole. Ajoutez le millet avec un peu de sel, laissez bouillir 5 minutes, puis couvrez et laissez mijoter 15 à 20 minutes à feu doux. Répartissez le millet dans des assiettes creuses, versez la soupe dessus et parsemez de persil.

Conseil

Pour préparer environ 1 litre de bouillon de légumes, pelez et coupez en morceaux 2 oignons et 1 gousse d'ail. Pelez 1 carotte, parez 2 branches de céleri, 1 petit poireau et 1 petit bulbe de fenouil, lavez ces légumes et coupez-les en petits morceaux. Lavez et séchez 2 brins de thym et ½ bouquet de persil. Faites fondre les oignons dans 2 cuillerées à soupe d'huile d'olive, ajoutez les légumes et faites-les revenir 2 à 3 minutes en remuant. Versez 1,25 litre d'eau, ajoutez l'ail et quelques grains de poivre noir, le thym et le persil. Laissez mijoter 40 minutes à couvert. Passez le tout dans une passoire (tapissée d'un torchon si vous désirez un bouillon clair), puis faites réduire dans une casserole à 1 litre. Salez. Ce bouillon est facile à congeler en petites portions.

Bouillons énergétiques

Ce n'est pas un hasard si de plus en plus de gens ne peuvent plus se passer de leur bol de bouillon quotidien : il réchauffe, il est riche en vitamines et en sels minéraux et, grâce à ses propriétés, il aide l'organisme à lutter contre les inflammations. *

PRAIRIE & FORÊT

Faites bouillir **25 cl de bouillon de légumes** (voir conseil p. 82) avec **1 c. à s. de cèpes séchés** et **3 baies de genièvre écrasées**. Lavez **3 brins de thym** et **2 brins de livèche** et ajoutez-les. Couvrez et laissez mijoter 5 à 10 minutes à feu doux. Passez le bouillon et servez-le parsemé de **persil ciselé**.

BOUILLON YIN & YANG

Faites mijoter 10 minutes **25 cl de bouillon de légumes** (voir conseil p. 82) avec **2 cm de gingembre émincé, 8 grains de poivre noir, 1 étoile de badiane** et **4 cm de zeste d'orange bio**. Passez le bouillon et ajoutez **1 c. à s. de baies de goji**. Ajoutez si vous le souhaitez un trait de **sauce soja**.

BOUILLON MISO

Faites bouillir **25 cl de bouillon de légumes** (voir conseil p. 82). Ajoutez **2 c. à s. de pâte de miso** et **2 c. à s. de paillettes de wakame déshydraté** ; laissez mijoter 2 minutes à feu doux. Ajoutez **1 c. à s. de sauce soja**. Pour rendre le bouillon plus consistant, ajoutez **1 poignée de pousses d'épinard, du tofu soyeux** coupé en petits cubes et **quelques ciboules émincées**.

*Chaque recette est prévue pour 1 personne. Pour toutes ces variantes, c'est un simple bouillon de légumes qui sert de base. Pour une note asiatique plus prononcée, voir la recette p. 94.

Soupe verte de printemps

1 Lavez les asperges, pelez le tiers inférieur et coupez la base fibreuse. Retaillez les asperges en segments de 2 cm. Pelez le chou-rave et la pomme de terre en gros dés. Pelez l'échalote et taillez-la en petits dés.

2 Faites chauffer l'huile dans une marmite et faites-y revenir l'échalote. Versez un peu de bouillon ou, si vous préférez, 7,5 cl de vin blanc, et faites réduire à feu vif presque à sec. Ajoutez les asperges, le chou-rave et la pomme de terre, ainsi que le reste du bouillon. Salez et poivrez. Couvrez et faites cuire 20 minutes à feu doux.

3 Pendant ce temps, lavez et épongez l'oseille, ciselez les feuilles en filaments. Mettez de côté 2 cuillerées à soupe d'oseille et incorporez le reste dans la soupe en la faisant chauffer encore 1 minute.

4 Passez la soupe au mixeur plongeant pour obtenir une consistance crémeuse. Rectifiez l'assaisonnement en sel et en poivre. Répartissez la soupe dans les assiettes et parsemez des feuilles d'oseille ciselées.

Conseil

L'acidité de l'oseille est plaisante, mais dans l'assiette, ce n'est pas seulement une affaire de goût, mais aussi de santé. C'est en effet une protection efficace contre les rhumes de printemps, notamment en raison de sa forte teneur en vitamine C : 100 g d'oseille crue en apportent pratiquement autant qu'un citron. Mais l'oseille contient aussi de l'acide oxalique : c'est pourquoi les enfants et les personnes souffrant d'un déficit en fer doivent éviter d'en consommer.

POUR 2 PERSONNES
PRÉPARATION : 30 min
CUISSON : 20 min
PAR PORTION : 290 kcal

500 g d'asperges vertes
1 petit chou-rave
1 pomme de terre à chair farineuse (150 g)
1 échalote
2 cuil. à soupe d'huile d'olive
70 cl de bouillon de légumes (acheté tout fait ou voir conseil p. 82)
50 g d'oseille
Sel et poivre blanc du moulin

Soupe verte d'hiver

1 Lavez et essorez le chou, éliminez les grosses côtes et hachez grossièrement les feuilles. Pelez le panais et coupez-le en petits morceaux. Parez le poireau, coupez-le en deux dans la longueur, lavez-le et émincez-le en rondelles.

2 Faites chauffer l'huile dans une marmite et faites-y revenir le poireau. Incorporez la farine de pois chiches et faites-la légèrement roussir. Ajoutez le chou, le panais et le bouillon ; laissez cuire 25 à 30 minutes à feu doux. Salez et poivrez.

3 Pendant ce temps, parez, lavez, égouttez et hachez grossièrement les épinards. Pelez et râpez grossièrement le raifort. Incorporez la moitié du raifort et tous les épinards dans la soupe et laissez cuire jusqu'à ce que les épinards soient complètement fondus.

4 Réduisez le contenu de la marmite en purée fine avec un mixeur plongeant. Ajoutez le jus de citron, répartissez la soupe dans des assiettes creuses et parsemez du reste de raifort râpé.

Conseil

Le raifort est un condiment assez piquant. Cette caractéristique est due aux substances antibiotiques (allicine et sinigrine) qu'il contient, efficaces contre les refroidissements et les infections urinaires. Le raifort, parfois surnommé « la pénicilline du jardin », facilite aussi la digestion et la circulation sanguine.

POUR 2 PERSONNES
PRÉPARATION : 15 min
CUISSON : 25 min
PAR PORTION : 320 kcal

200 g de feuilles de chou kale
1 panais (80 g)
1 poireau (100 g)
2 cuil. à soupe d'huile d'olive
2 cuil. à soupe
de farine de pois chiches
80 cl de bouillon de légumes
(tout prêt ou maison,
voir conseil p. 82)
50 g d'épinards en touffes
50 g de raifort (ou 1-2 cuil.
à soupe de raifort râpé)
1-2 cuil. à soupe de jus de citron
Sel et poivre du moulin

Potée de chou noir à l'italienne

POUR 2 PERSONNES
PRÉPARATION : 35 min
CUISSON : 40 min
PAR PORTION : 620 kcal

350 g de feuilles de chou noir *
1 carotte
1 branche de céleri
1 poireau (100 g)
1 oignon
2 gousses d'ail
2 tomates
$1/3$ de bouquet de thym
3 cuil. à soupe d'huile d'olive
1 boîte de haricots blancs italiens cannellini (240 g, poids net égoutté)
4 tranches de pain complet (de la veille)
Sel et poivre du moulin

À défaut de chou noir, prenez du chou de Milan frisé.

1 Lavez et essorez le chou noir, éliminez les grosses côtes et taillez les feuilles en languettes de 1 cm de large. Pelez la carotte et coupez-la en petits dés. Parez, lavez et émincez la branche de céleri. Parez le poireau, fendez-le en deux dans la longueur, lavez-le, coupez-le en longues languettes, puis retaillez celles-ci en petits morceaux. Pelez l'oignon et l'ail, coupez l'oignon en petits dés. Lavez les tomates et taillez-les en petits dés après avoir retiré le pédoncule. Lavez et épongez le thym, prélevez les feuilles et hachez-les grossièrement.

2 Faites chauffer 2 cuillerées à soupe d'huile d'olive dans une grande marmite et faites-y revenir la carotte, le céleri, le poireau, l'oignon et 1 gousse d'ail coupée en petits dés jusqu'à ce qu'ils soient légèrement colorés. Ajoutez les tomates et la moitié du thym. Lorsque l'eau de végétation est presque entièrement évaporée, salez et poivrez, versez 50 cl d'eau et ajoutez le chou noir. Couvrez et laissez mijoter environ 40 minutes à feu doux.

3 Préchauffez le four à 180 °C. Versez les haricots dans une passoire, en réservant leur jus, ajoutez-les dans la marmite. Pressez la seconde gousse d'ail et mélangez-la avec le reste d'huile. Arrosez les tranches de pain avec cette huile aillée et faites-les dorer environ 10 minutes dans le haut du four. Déposez ces tranches de pain dans les assiettes creuses.

4 Réduisez en purée au mixeur plongeant une grosse louche de légumes. Remettez cette purée dans la marmite. Si la potée est trop épaisse, ajoutez un peu du liquide des haricots en boîte pour la diluer. Incorporez le reste de thym, goûtez et rectifiez l'assaisonnement en sel et en poivre. Versez la soupe sur les tranches de pain. Ajoutez éventuellement quelques gouttes d'huile d'olive avant de servir.

Crème de petits pois à la menthe

1 Pelez l'échalote et coupez-la en petits dés. Faites chauffer l'huile dans une marmite et faites-y revenir l'échalote. Ajoutez les petits pois et versez le bouillon. Couvrez et laissez cuire 15 minutes environ à feu doux.

2 Pendant ce temps, parez, lavez et essorez la salade. Ciselez les feuilles. Lavez et essorez la menthe, prélevez les feuilles et ciselez-les également.

3 Ajoutez la crème d'avoine et la salade dans la marmite et continuez à faire chauffer jusqu'à ce que la salade se ramollisse complètement. Salez et poivrez ; ajoutez la moitié de la menthe ciselée. Réduisez le contenu de la marmite en purée fine avec un mixeur plongeant. Dégustez cette crème de petits pois chaude ou froide, parsemée du reste de menthe ciselée juste avant de servir.

Conseil

La menthe rafraîchit et développe en bouche un arôme magnifique. C'est également une plante qui détruit les bactéries et exerce une action bienfaisante sur l'estomac et l'intestin. Idéale pour une bonne digestion !

POUR 2 PERSONNES
PRÉPARATION : 15 min
CUISSON : 15 min
PAR PORTION : 310 kcal

1 échalote
1 cuil. à soupe d'huile
300 g de petits pois (frais ou surgelés)
50 cl de bouillon de légumes (tout prêt ou maison, voir conseil p. 82)
150 g de romaine ou de laitue
2-3 brins de menthe
10 cl de crème d'avoine
Sel et poivre blanc du moulin

Crème de radis à l'avocat

1 Faites bouillir de l'eau dans une marmite. Triez les fanes de radis, lavez-les et essorez-les. Faites-les blanchir 1 minute à l'eau bouillante, versez-les dans une passoire et rafraîchissez-les sous l'eau froide. Laissez-les refroidir, pressez-les et hachez-les grossièrement.

2 Lavez le concombre et coupez-le en morceaux. Coupez l'avocat en deux et retirez le noyau, coupez la chair en morceaux et arrosez-la de jus de citron. Pelez la gousse d'ail et coupez-la en gros morceaux.

3 Réunissez dans le bol d'un robot les fanes de radis, le concombre, l'avocat, l'ail, le bouillon et le lait ribot. Réduisez le tout en purée fine. Vous pouvez aussi vous servir d'un mixeur plongeant. Salez, poivrez et incorporez le wasabi. Répartissez cette crème verte dans 2 assiettes creuses.

4 Rincez les germes de radis dans une passoire et égouttez-les. Lavez les radis, détaillez-les en rondelles, puis recoupez celles-ci en languettes. Répartissez les germes et les radis sur la soupe et poivrez avant de servir.

POUR 2 PERSONNES
PRÉPARATION : 30 min
PAR PORTION : 190 kcal

2 bottes de fanes de radis
60 g de concombre bio
1 avocat
1 cuil. à café de jus de citron
1 petite gousse d'ail
20 cl de bouillon de légumes froid (tout prêt ou maison, voir conseil p. 82)
30 cl de lait ribot
½ cuil. à café de wasabi en poudre
50 g de germes de radis
5 petits radis roses
Sel et poivre du moulin

Borchtch de lentilles aux choux de Bruxelles

POUR 2 PERSONNES
PRÉPARATION : 15 min
CUISSON : 55 min
PAR PORTION : 510 kcal

80 g de lentilles du Puy
ou beluga
150 g de légumes (poireau,
carotte et céleri-rave)
1 gousse d'ail
2 cuil. à soupe d'huile d'olive
60 cl de bouillon de légumes
(tout prêt ou maison, voir
conseil p. 82)
300 g de betteraves rouges crues
200 g de choux de Bruxelles
¼ de cuil. à café de cumin
½-1 cuil. à soupe de vinaigre
de vin blanc
40 g de raifort
100 g de crème aigre
½ botte de ciboulette
Sel et poivre du moulin

1 Rincez les lentilles dans une passoire et égouttez-les. Parez le poireau, fendez-le en deux, lavez-le et émincez-le. Pelez la carotte et le céleri-rave, taillez-les en petits dés. Pelez l'ail et coupez-le en petits dés. Faites chauffer l'huile dans une grande marmite et faites-y revenir les légumes et l'ail, puis ajoutez les lentilles, mélangez. Versez le bouillon, couvrez et laissez cuire environ 20 minutes.

2 Pendant ce temps, pelez les betteraves (en mettant des gants pour éviter de vous colorer les mains en rouge) et râpez-les grossièrement ou taillez-les en fine julienne. Parez et lavez les choux de Bruxelles, émincez-les. Pilez grossièrement le cumin.

3 Incorporez aux lentilles les betteraves rouges, les choux de Bruxelles et le cumin, mélangez et poursuivez la cuisson encore 20 à 25 minutes à couvert. Salez, poivrez, ajoutez le vinaigre et laissez reposer quelques minutes.

4 Pelez le raifort et râpez-le finement, mélangez-le aussitôt avec la crème aigre, salez et poivrez. Lavez et épongez la ciboulette, émincez-la et ajoutez-la dans la marmite. Répartissez le borchtch dans des assiettes creuses, et garnissez de crème de raifort au moment de servir.

Conseil

Les végétaliens, qui veulent renoncer à la crème, peuvent ajouter le raifort râpé directement dans la marmite et le laisser infuser pendant les dernières minutes de cuisson. La ciboulette ciselée sera alors répartie dans les assiettes au moment de servir.

Potée de lentilles aux tomates et aux blettes

1 Rincez les lentilles dans une passoire et égouttez-les. Parez et lavez les blettes, séparez les feuilles des côtes. Taillez les côtes dans la longueur, en deux ou trois selon leur épaisseur, puis en morceaux de 1 cm. Pelez la carotte et taillez-la en petits dés. Parez la branche de céleri, lavez-la, recoupez-la en deux dans la longueur et taillez-la en petits dés. Pelez l'oignon et l'ail, taillez-les en petits dés.

2 Faites chauffer l'huile dans une marmite et faites-y revenir l'oignon, l'ail, la carotte et le céleri. Incorporez les côtes de blette en remuant. Lavez le romarin et le thym, séchez-les et ajoutez-les dans la marmite avec les lentilles, les tomates et leur jus, ainsi que 10 cl d'eau. Couvrez et laissez cuire environ 30 minutes, en rajoutant un peu d'eau si nécessaire.

3 Pendant ce temps, taillez les feuilles de blettes en fines languettes. Pelez le citron à vif en recueillant le jus qui coule. Coupez-le en fines rondelles puis retaillez celles-ci en quatre. Lavez le persil, essorez-le et hachez grossièrement les feuilles.

4 Ajoutez les feuilles de blette dans la potée aux lentilles, salez et poivrez, poursuivez la cuisson 10 à 15 minutes. Incorporez le citron avec son jus, ainsi que le persil. Vous pouvez aussi ajouter au dernier moment 50 g de germes de lentilles lavés et égouttés. Répartissez la potée dans des assiettes creuses.

POUR 2 PERSONNES
PRÉPARATION : 35 min
CUISSON : 45 min
PAR PORTION : 370 kcal

100 g de lentilles du Puy
350 g de blettes
1 carotte
1 branche de céleri
1 oignon
1 gousse d'ail
2 cuil. à soupe d'huile d'olive
1 brin de romarin
5 brins de thym
1 boîte de petites tomates
cocktail « pomodorini »
(400 g, poids net égoutté)
½ citron
1 bouquet de persil
Sel et poivre du moulin

Pho végétarien aux nouilles de riz

POUR 2 PERSONNES
PRÉPARATION : 35 min
CUISSON : 45 min
PAR PORTION : 300 kcal

POUR LE BOUILLON :

2 branches de céleri
1 grosse carotte
½ poireau
100 g de daikon (radis blanc)
1 oignon
1 ciboule
5 branches de coriandre avec
la racine (magasins asiatiques)
50 g de gingembre
2 brins de citronnelle
1 petit piment rouge
2 cuil. à soupe d'huile végétale
2 étoiles de badiane
Sel

POUR LA GARNITURE :

4 pak-choi (100 g pièce)
80 g de germes de haricots mungo
70 g de larges nouilles de riz
4 brins de basilic thaï
3 ciboules
1-2 piments rouges
1 citron vert bio

1 Pour le bouillon, parez et lavez les branches de céleri, émincez-les. Pelez la carotte et émincez-la. Parez le poireau, fendez-le en deux, lavez-le et émincez-le. Pelez le daikon, lavez-le et coupez-le en gros morceaux. Pelez et émincez l'oignon et la ciboule. Coupez la racine des branches de coriandre, lavez ces racines et mettez les feuilles de côté. Pelez le gingembre et parez les tiges de citronnelle ; pilez ces 2 ingrédients dans un mortier. Fendez le piment en deux et émincez-le après avoir éliminé les graines.

2 Faites chauffer l'huile dans une marmite et faites-y rissoler l'oignon. Ajoutez en remuant l'ail, le céleri, la carotte et le poireau. Laissez cuire 2 à 3 minutes. Ajoutez ensuite le daikon, les racines de coriandre, le gingembre et la citronnelle, le piment, la badiane et 1 litre d'eau. Couvrez et laissez cuire environ 45 minutes à petit feu.

3 Pendant ce temps, préparez la garniture. Parez les pak-choï, séparez les feuilles, lavez-les, essorez-les et taillez-les en biais. Rincez les germes de haricots mungo dans une passoire et égouttez-les. Faites cuire les nouilles à l'eau bouillante, selon le mode d'emploi indiqué sur l'emballage, versez-les dans une passoire et égouttez-les. Lavez et épongez le basilic et le vert de la coriandre, ciselez grossièrement les feuilles. Parez, lavez et émincez les ciboules. Fendez les piments en deux en retirant les graines, lavez-les et émincez-les. Lavez le citron vert à l'eau bouillante et coupez-le en rondelles.

4 Filtrez le bouillon dans une passoire en pressant bien les légumes. Reversez la moitié du bouillon dans une marmite, salez et portez à ébullition. (Vous pouvez congeler le reste et l'utiliser ultérieurement comme base pour le bouillon yin & yang, p. 84 par ex.) À table, chacun garnit son bol avec des feuilles de pak-choï, des germes de haricots mungo et des nouilles, avant de verser du bouillon dessus et de parsemer le tout des aromates, des ciboules et du piment. Pour terminer, on ajoute les rondelles de citron vert.

Soupe de haricots à l'iranienne

1 Pelez et taillez en petits dés l'oignon et la gousse d'ail. Faites chauffer l'huile dans une marmite et faites-y dorer l'ail et l'oignon. Ajoutez les lentilles et le curcuma, mélangez. Versez ensuite le bouillon et les haricots. Couvrez et faites mijoter 15 minutes à feu doux.

2 Pendant ce temps, parez et lavez les courgettes. Coupez-les en deux dans la longueur et retaillez-les en tranches de 5 mm d'épaisseur. Ajoutez-les dans la soupe, salez et poivrez. Poursuivez la cuisson encore 10 minutes à couvert.

3 Lavez et essorez les herbes, prélevez les sommités d'aneth et les feuilles de persil et de coriandre ; hachez-les grossièrement. Incorporez les herbes dans la soupe et rectifiez l'assaisonnement en sel et en poivre. Ajoutez pour finir le jus de citron.

Conseil

Les haricots en grains ont la réputation, tout à fait erronée, de faire grossir. Tout au contraire : ils renferment peu de calories et peu de lipides, mais apportent en revanche une bonne dose de protéines de bonne qualité.

POUR 2 PERSONNES
PRÉPARATION : 35 min
CUISSON : 25 min
PAR PORTION : 430 kcal

1 gros oignon, 1 gousse d'ail
2 cuil. à soupe d'huile d'olive
50 g de lentilles jaunes
½ cuil. à soupe de curcuma
250 g de gros haricots blancs
en grains (surgelés)
60 cl de bouillon de légumes
(tout prêt ou voir conseil p. 82)
3 petites courgettes (300 g)
½ bouquet d'aneth, autant de
coriandre et autant de persil
2-3 cuil. à soupe de jus
de citron
Sel et poivre du moulin

Soupe de lentilles à l'indienne

1 Pelez le gingembre et hachez-le finement. Réunissez dans une marmite les lentilles, le gingembre et le curcuma, ajoutez 40 cl d'eau et portez à ébullition, puis couvrez et faites mijoter 15 à 20 minutes à feu doux.

2 Pendant ce temps, triez les épinards, lavez-les et égouttez-les, éliminez les tiges épaisses. Pelez la mangue et prélevez la chair en longues bandelettes avec un couteau Économe.

3 Faites chauffer l'huile de coco dans une poêle et faites-y griller le panch phoron. Pelez la gousse d'ail et pressez-la, ajoutez-la dans le mélange d'épices en remuant. Salez, ajoutez le piment et le sucre, puis incorporez ce mélange dans la soupe. Poursuivez la cuisson encore 5 minutes.

4 Ajoutez les épinards et les languettes de mangue dans la soupe pour les réchauffer. Mélangez et ajoutez du sel et le jus de citron vert. Laissez infuser quelques instants avant de répartir la soupe dans des assiettes creuses.

Conseil

« Panch phoron » veut dire simplement « cinq épices ». Ce mélange indien se compose de moutarde noire, de cumin, de carvi, de graines de fenouil et de fenugrec. Ces épices donnent non seulement un arôme spécifique à la soupe, mais elles la rendent également très digeste.

POUR 2 PERSONNES
PRÉPARATION : 35 min
CUISSON : 25 min
PAR PORTION : 400 kcal

2 cm de gingembre
150 g de lentilles jaunes
2 pincées de curcuma
100 g d'épinards
1 petite mangue ferme
1½ cuil. à soupe d'huile de coco
1 cuil. à soupe de panch phoron
(voir conseil)
1 gousse d'ail
2-3 pincées de piment
en paillettes
½ cuil à café de sucre brun
2-3 cuil. à soupe de jus
de citron vert, sel

Plats veggie à partager

Bienvenue parmi les saveurs exotiques qui mettent le vert à l'honneur ! Voici des plats complets qui associent les légumes frais avec les pâtes, les céréales ou les légumes secs. Certains doux et onctueux, d'autres nettement plus épicés, vont combler votre appétit et faire le bonheur de vos papilles, le midi comme le soir.

Riz à la balinaise, haricots verts et mangue

POUR 2 PERSONNES
PRÉPARATION : 40 min
CUISSON : 30 min
PAR PORTION : 710 kcal

120 g de riz blanc nature
600 g de haricots verts
6 échalotes (180 g)
3 tiges de citronnelle
2 piments rouges
2-3 cuil. à soupe d'huile de coco
4 cuil. à soupe de noix de coco râpée
3 ciboules
2 branches de céleri avec le vert
2 branches de basilic thaï
½ bouquet de coriandre
6 brins de menthe
1 petite mangue
Sel

1 Faites bouillir 25 cl d'eau dans une casserole, versez le riz avec un peu de sel. Portez à ébullition, couvrez et laissez cuire le riz 25 à 30 minutes à feu doux. Pendant ce temps, parez, lavez, égouttez et faites cuire les haricots *al dente,* environ 10 minutes, à l'eau salée. Égouttez-les dans une passoire.

2 Pelez les échalotes, coupez-les en deux dans la longueur et émincez-les finement. Parez les tiges de citronnelle en éliminant les feuilles jaunes de l'extérieur et la partie supérieure trop sèche ; coupez le bas en quatre dans la longueur, puis retaillez ces segments en petits dés. Fendez les piments en retirant les graines, lavez-les et taillez-les en petits dés.

3 Faites chauffer l'huile de coco dans une petite poêle et faites-y revenir les échalotes 15 minutes à feu doux en remuant. Montez un peu le feu et faites-les colorer. Juste avant la fin de la cuisson, ajoutez la citronnelle, les piments et la noix de coco ; mélangez et faites dorer ; salez et réservez.

4 Pendant ce temps, parez les ciboules, lavez-les et émincez-les. Prélevez les feuilles du céleri, lavez-les et épongez-les (gardez les branches pour un autre emploi). Lavez les herbes et égouttez-les, prélevez les feuilles et ciselez-les, ainsi que le vert du céleri. Pelez la mangue et prélevez la chair en minces languettes de part et d'autre du noyau.

5 Ajoutez les haricots verts au mélange à base d'échalotes et faites-les réchauffer, salez. Répartissez dans des coupes les haricots verts assaisonnés, le riz, les herbes, la mangue et les ciboules ; ajoutez quelques fines lamelles de piment si vous voulez. À table, chacun prend un peu de riz dans une assiette creuse et le mélange avec les autres ingrédients à son goût.

Boulgour aux courgettes et fines herbes, yaourt aromatisé

1 Faites bouillir 22,5 cl d'eau dans une casserole avec un peu de sel. Versez le boulgour, portez à ébullition et ajoutez les physalis séchés. Couvrez, puis laissez gonfler 20 à 25 minutes.

2 Pendant ce temps, parez et lavez les courgettes, coupez-les en fines rondelles de 5 mm. Lavez le citron à l'eau chaude et essuyez-le. Râpez le zeste et pressez le fruit. Pelez la gousse d'ail et taillez-la en petits dés.

3 Lavez et épongez les herbes, prélevez les feuilles et ciselez-les séparément. Parez les ciboules, lavez-les et émincez-les avec le vert. Mélangez le yaourt avec la moitié de la menthe et 1 cuillerée à soupe d'aneth, 2 pincées de zeste de citron et 1 cuillerée à soupe de jus de citron, salez et poivrez.

4 Faites chauffer l'huile d'olive dans une poêle et faites-y dorer légèrement les rondelles de courgettes avec l'ail, salez et poivrez. Ajoutez éventuellement 2 à 3 cuillerées à soupe d'eau et finissez la cuisson à feu doux. Mélangez le boulgour avec les courgettes, les ciboules et le reste des herbes. Répartissez cette préparation dans 2 assiettes. Arrosez d'un peu de yaourt aromatisé, et servez avec le reste de sauce à part.

POUR 2 PERSONNES
PRÉPARATION : 30 min
CUISSON : 10 min
PAR PORTION : 500 kcal

100 g de boulgour
3 cuil. à soupe de physalis séchés (voir conseil)
500 g de petites courgettes
½ citron bio
1 gousse d'ail
1 bouquet d'aneth
8 brins de menthe
8 brins de persil
2 ciboules
150 g de yaourt nature
3 cuil. à soupe d'huile d'olive
Sel et poivre du moulin

Conseil

Petites baies, gros effets : les physalis font figure à juste titre de super-aliment. Ils font baisser le taux de sucre dans le sang, favorisent la perte de poids et apportent des anticorps spécifiques qui renforcent les défenses immunitaires. D'excellentes raisons pour déguster plus souvent ces délicieux fruits acidulés.

Risotto aux asperges et au cresson

POUR 2 PERSONNES
PRÉPARATION : 40 min
CUISSON : 25 min
PAR PORTION : 610 kcal

300 g d'asperges vertes
1 botte de cresson (120 g)
60 g d'épinards
2 échalotes
1 litre de bouillon de légumes
(tout prêt ou maison,
voir conseil p. 82)
20 g de beurre
180 g de riz spécial risotto
10 cl de vin blanc
(ou de bouillon de légumes)
½ citron bio
3 cuil. à soupe de parmesan râpé
Sel et poivre du moulin

1 Lavez les asperges, pelez le tiers inférieur et coupez la base fibreuse. Retaillez les asperges en segments de 1 cm, en laissant les pointes entières. Triez le cresson, lavez-le et essorez-le. Triez les épinards, lavez-les et égouttez-les, éliminez les grosses tiges. Pelez les échalotes et taillez-les en petits dés. Faites chauffer le bouillon dans une casserole.

2 Faites fondre le beurre dans une grande marmite et faites-y revenir les échalotes. Versez le riz et remuez 2 minutes. Déglacez avec le vin et portez à ébullition. Versez suffisamment de bouillon chaud pour que le riz soit recouvert et faites bouillonner en remuant souvent pour absorber le bouillon. Répétez cette opération pendant 20 à 25 minutes, jusqu'à ce que le riz soit cuit mais encore un peu croquant. Incorporez les asperges 10 minutes avant la fin de la cuisson.

3 Pendant ce temps, faites bouillir de l'eau dans une casserole. Ajoutez le cresson et les épinards, faites-les blanchir 2 minutes, puis égouttez-les dans une passoire et rafraîchissez-les. Pressez-les à fond et hachez-les grossièrement.

4 Lavez le citron à l'eau chaude et essuyez-le, râpez le zeste et pressez le fruit. Réduisez en purée fine, avec un mixeur plongeant dans un grand verre mélangeur, le cresson et l'épinard avec 1 cuillerée à soupe de jus de citron. Incorporez cette purée verte au risotto et réchauffez, salez et poivrez. Ajoutez le reste de jus de citron et le zeste râpé. Servez parsemé de parmesan.

Conseil

Délicieusement fondant mais encore un peu al dente, telle est la nature du risotto. Il sera encore un peu plus ferme si vous prenez du riz complet pour risotto. Mais il faut alors le laisser tremper toute la nuit et le faire cuire un peu plus longtemps.

Polenta au chou noir et aux champignons

1 Lavez et essorez le chou en éliminant les côtes dures, puis ciselez les feuilles en fines languettes. Pelez l'ail et coupez-le en petits dés.

2 Faites bouillir 25 cl d'eau dans une grande marmite avec un peu de sel. Faites cuire les feuilles de chou avec l'ail 2 à 4 minutes en les gardant croquantes. Égouttez-les dans une passoire et rafraîchissez-les, puis pressez-les pour éliminer l'eau. Réduisez les feuilles de chou en purée fine dans un grand verre mélangeur avec 2 cuillerées à soupe d'huile en vous servant d'un mixeur plongeant. Salez, poivrez et ajoutez le jus de citron.

3 Versez le bouillon dans une casserole et portez à ébullition. Ajoutez d'abord la polenta, puis incorporez la crème d'amandes et laissez bouillonner 1 à 2 minutes en remuant. Salez, poivrez et muscadez ; laissez reposer quelques instants à couvert.

4 Pendant ce temps, nettoyez les champignons, essuyez-les si nécessaire dans un torchon, puis coupez-les en lamelles ou en morceaux. Pelez l'échalote et taillez-la en petits dés. Faites chauffer le reste d'huile dans une poêle, ajoutez l'échalote et faites-la dorer. Ajoutez ensuite les champignons, salez et poivrez ; faites-les revenir 3 à 5 minutes à feu vif en remuant de temps en temps. Lavez et essorez le persil, ciselez les feuilles et ajoutez-les aux champignons.

5 Incorporez la purée de chou noir à la polenta et réchauffez. Répartissez la polenta dans les assiettes et garnissez de champignons.

POUR 2 PERSONNES
PRÉPARATION : 25 min
CUISSON : 5 min
PAR PORTION : 400 kcal

300 g de chou noir (ou, à défaut, de chou kale)
2 gousses d'ail
3 cuil. à soupe d'huile d'olive
1-2 traits de jus de citron
40 cl de bouillon de légumes (tout prêt ou maison, voir conseil p. 82)
100 g de polenta instantanée
10 cl de crème d'amandes
Noix de muscade fraîchement râpée
250 g d'un mélange de champignons (champignons de couche, shiitake, pleurotes en huître et pleurotes du panicaut)
1 échalote
½ bouquet de persil
Sel et poivre du moulin

Poivrons farcis et couscous aux poireaux

POUR 2 PERSONNES
PRÉPARATION : 1 h
CUISSON : 35 min
PAR PORTION : 860 kcal

POUR LES POIVRONS :

300 g de poivrons verts allongés
1 oignon
1 gousse d'ail
2 cuil. à soupe d'huile d'olive
1 bouquet d'aneth
et autant de persil
2 brins de livèche
120 g de feta
150 g de fromage frais
en faisselle
1 œuf
2-3 pincées de piment
en paillettes
Sel et poivre du moulin

POUR LE COUSCOUS :

1 petit poireau
1 citron bio
100 g de couscous instantané
1 cuil. à soupe de baies
d'épine-vinette séchées (ou de
canneberges séchées)
2½ cuil. à soupe d'huile d'olive
1 cuil. à soupe de pignons de pin
Sel et poivre du moulin

1 Prenez les poivrons et fendez-les chacun dans la hauteur, sans retirer le pédoncule. Extrayez délicatement les graines et les cloisons internes ; lavez les poivrons évidés. Pelez et taillez en petits dés l'oignon et l'ail. Faites chauffer 1 cuillerée à soupe d'huile dans une poêle et faites-y dorer l'oignon et l'ail, puis réservez hors du feu.

2 Préchauffez le four à 180 °C. Lavez les herbes, épongez-les et prélevez les feuilles, ciselez-les séparément. Écrasez la feta à la fourchette et mélangez-la avec l'ail et l'oignon, le fromage en faisselle, l'œuf, la livèche, la moitié de l'aneth et le tiers du persil. Salez et poivrez généreusement, ajoutez le piment et farcissez les poivrons de cette préparation. Rangez-les tête-bêche dans un plat à gratin et arrosez-les du reste d'huile. Enfournez à mi-hauteur et faites cuire 30 à 35 minutes (baissez à 160 °C à chaleur tournante).

3 Pendant ce temps, parez le poireau, fendez-le dans la hauteur, lavez-le, puis émincez-le. Lavez le citron à l'eau chaude, essuyez-le, râpez le zeste et pressez le fruit. Versez le couscous dans une jatte, arrosez-le d'eau bouillante (selon le mode d'emploi indiqué sur l'emballage), ajoutez les baies séchées, mélangez et laissez gonfler à couvert. Incorporez ensuite 1 cuillerée à soupe d'huile d'olive et réservez au chaud.

4 Faites dorer les pignons de pin dans une petite poêle à sec. Laissez-les refroidir dans une assiette. Faites chauffer le reste d'huile dans la poêle, ajoutez le poireau et faites-le légèrement dorer en remuant. Salez et poivrez. Déglacez avec le jus de citron. Faites cuire encore quelques instants, puis incorporez le tout dans le couscous avec ½ cuillerée à café de zeste de citron. Parsemez le couscous de pignons de pin et du reste des herbes. Servez les poivrons farcis en même temps.

Des compagnons...

Bien souvent, le vert joue en cuisine un rôle secondaire, quand il n'est pas simplement jeté ou relégué à l'alimentation des lapins ! Il importe de changer d'optique, car il contient des réserves d'énergie et de santé insoupçonnées. Les recettes qui suivent sont délicieuses et ne sont pas que de simples accompagnements. *

BOLÉE DE PISSENLITS AUX HERBES

Parez **500 g de pissenlits,** lavez les feuilles, essorez-les et recoupez-les en segments de 3 cm. Pelez et émincez **1 gousse d'ail.** Faites chauffer **3 c. à s. d'huile d'olive** dans une casserole, faites revenir l'ail et ajoutez les pissenlits en remuant. Faites chauffer 2 à 3 minutes. Salez, poivrez et ajoutez **1 pincée de sucre.** Versez **2 à 3 c. à s. d'eau,** couvrez et laissez mijoter 30 à 40 minutes. Ajoutez **1 à 2 c. à s. de jus de citron.** Incorporez **2 poignées d'herbes ciselées** au choix. Mélangez intimement. Servez tel quel ou avec de **la feta.**

WOK DE FEUILLES DE BETTERAVE

Lavez et essorez les feuilles d'une botte de **betterave rouge (500 g).** Émincez-les et recoupez les tiges en petits morceaux. Pelez **1 gousse d'ail** et taillez-la en petits dés. Faites chauffer **2 c. à s. d'huile** dans un wok et faites-y revenir l'ail avec **½ c. à c. de cumin.** Incorporez les feuilles et les tiges de betterave. Salez et poivrez, ajoutez **2 à 3 pincées de piment.** Versez **4 à 5 c. à s. de bouillon de légumes** et laissez cuire à couvert. Parsemez de **3 c. à s. de noix** grossièrement hachées. Cette poêlée est délicieuse avec une omelette ou du fromage grillé (feta ou halloumi).

Chaque recette est prévue pour 2 personnes. Pour trouver des pissenlits, il n'est pas nécessaire d'aller en pleine campagne : explorez les étals des petits producteurs locaux !

... de tous les jours

Même comme garniture, les légumes ne doivent pas être relégués à un rôle secondaire. Cuits *al dente*, ils sont encore riches en vitamines et peuvent donner lieu à des combinaisons originales et savoureuses. N'ayez pas peur d'innover ! *

CHOUX DE BRUXELLES CROUSTILLANTS

Parez et lavez **500 g de choux de Bruxelles,** faites-les étuver 15 à 20 minutes à couvert dans un peu d'eau salée. Passez au mixeur **2 c. à s. de graines de potiron, 2 c. à s. d'amandes effilées** et **1 c. à s. de canneberges séchées.** Pelez et émincez **1 gousse d'ail.** Taillez **1 tranche de pain complet** en dés. Mixez le pain avec **1 c. à s. de feuilles de thym** et l'ail. Chauffez **2 c. à s. d'huile d'olive** dans une poêle, faites dorer les miettes de pain, salez et poivrez. Incorporez **2 c. à s. de persil haché** et ajoutez le mélange mixé. Versez le tout sur les choux. Servez avec des pommes de terre, une purée de légumes ou de la polenta.

Chaque recette est prévue pour 1 personne. Le pak-choi se trouve dans les grandes surfaces ou dans les boutiques de produits asiatiques ; à défaut, prenez du chou chinois.

PAK-CHOÏ AUX GERMES

Parez et lavez **4 petits pak-choi,** coupez les feuilles en segments de 3 cm de large. Pelez **1 gousse d'ail** et **2 cm de gingembre,** émincez l'ail et taillez le gingembre en petits dés. Faites chauffer **2 c. à s. d'huile de colza** dans un wok et faites-y revenir 1 minute les feuilles de pak-choï et l'ail à feu vif. Ajoutez **2 c. à s. de sauce soja, 4 à 5 c. à s. d'eau** et le gingembre, salez et poivrez légèrement. Laissez cuire 3 à 5 minutes, en incorporant à la fin **100 g de germes de haricots mungo.** Accompagne très bien les plats asiatiques comme le tofu à la vapeur (voir p. 126), le tofu grillé (voir p. 112) et le riz.

Mélange de légumes rôtis au tofu

POUR 2 PERSONNES
PRÉPARATION : 35 min
CUISSON : 1 h 55
PAR PORTION : 690 kcal

POUR LES LÉGUMES :

1 poireau, 1 bulbe de fenouil
200 g de choux de Bruxelles
2 carottes
1 petite patate douce
1 poivron rouge et 1 poivron vert
½ botte de thym
1 gousse d'ail
2 cuil. à soupe d'huile d'olive
2 pincées de piment
en paillettes
Le jus de ½ orange
10 cl de bouillon de légumes
(tout prêt ou conseil p. 82)
Sel et poivre du moulin

POUR LE TOFU GRILLÉ :

200 g de tofu
½ botte de thym
½ orange bio
1 gousse d'ail
1 cuil. à café de moutarde
3 cuil. à soupe d'huile d'olive
2-3 pincées de piment
en paillettes
Sel et poivre du moulin

1 Pour les légumes, préchauffez le four à 200 °C. Parez le poireau, fendez-le en deux, lavez-le et taillez-le en rondelles de 5 mm. Parez le fenouil, lavez-le et coupez-le en huit dans la hauteur en éliminant la base trop dure. Parez les choux de Bruxelles, lavez-les et coupez-les en deux. Pelez les carottes et émincez-les en rondelles de 3 mm. Pelez la patate douce et coupez-la en cubes de 2 cm.

2 Fendez les poivrons en deux en retirant les graines, lavez-les et taillez-les en morceaux de 2 x 4 cm. Lavez et séchez le thym, prélevez les feuilles. Pelez et émincez l'ail. Réunissez tous ces légumes et aromates sur la plaque à rôtir du four en ajoutant l'huile, du sel, du poivre et le piment, mélangez et enfournez à mi-hauteur. Faites cuire 10 à 15 minutes (baissez à 180 °C à chaleur tournante) en gardant le mélange un peu croquant.

3 Pendant ce temps, lavez et séchez le thym, prélevez et hachez finement les feuilles. Lavez l'orange et essuyez-la, râpez le zeste et pressez le fruit. Pelez la gousse d'ail et pressez-la dans un bol, ajoutez le thym, le zeste d'orange et 3 cuillerées à soupe de jus, la moutarde et l'huile. Mélangez, salez, poivrez et ajoutez le piment. Coupez le tofu en cubes et étalez ceux-ci sur une tôle tapissée de papier sulfurisé.

4 Arrosez les légumes avec le jus d'orange et le bouillon, mélangez et poursuivez la cuisson 30 à 35 minutes. Glissez la tôle avec le tofu dans le bas du four et, si possible, réglez sur chaleur tournante (180 °C). Retournez les morceaux de tofu au bout de 20 minutes, quand ils sont légèrement dorés, et poursuivez la cuisson 10 à 15 minutes. Servez les légumes rôtis avec le tofu.

Green falafels et dip à la coriandre

POUR 2 PERSONNES
PRÉPARATION : 35 min
CUISSON : 35 min
PAR PORTION : 640 kcal

1 cuil. à soupe de graines de lin
moulues
1 boîte de pois chiches
(240 g, poids net égoutté)
1 petit oignon
1 gousse d'ail
5 cuil. à soupe d'huile d'olive
1 botte de coriandre et 1 botte
de persil (50 g chacune)
4 brins de menthe
1 cuil. à café
de cumin en poudre
½ cuil. à café
de coriandre en poudre
2 pincées de piment
en paillettes
2½ cuil. à soupe
de yaourt nature
2 cuil. à soupe de tahin
3-4 cuil. à soupe
de jus de citron
8 grandes feuilles de salade
3 tomates
½ concombre bio
Sel et poivre du moulin

1 Préchauffez le four à 225 °C (200 °C à chaleur tournante). Mélangez les graines de lin dans un bol avec 3 cuillerées à soupe d'eau et laissez-les gonfler. Égouttez les pois chiches dans une passoire en conservant leur jus. Pelez l'oignon et la gousse d'ail, taillez-les en petits dés. Faites chauffer 1 cuillerée à soupe d'huile d'olive dans une poêle et faites-y revenir l'oignon et l'ail. Lavez et séchez les herbes, hachez grossièrement la coriandre et le persil avec les tiges. Prélevez les feuilles de menthe.

2 Réunissez dans le bol d'un robot les pois chiches, les graines de lin, l'oignon et l'ail, 3 cuillerées à soupe d'huile d'olive et la moitié de chacune des herbes, le piment, du sel et du poivre, le cumin et la coriandre en poudre. Réduisez le tout en purée pas trop fine, en ajoutant éventuellement un peu du jus réservé des pois chiches. Façonnez 8 palets et rangez-les sur la tôle du four tapissée de papier sulfurisé. Badigeonnez-les d'un peu d'huile et enfournez-les à mi-hauteur. Faites-les cuire 30 à 35 minutes, en les retournant 1 fois et en les badigeonnant à nouveau d'huile.

3 Pendant ce temps, réduisez en purée fine au mixeur le reste de persil et le reste de coriandre avec 1 cuillerée à soupe de yaourt. Incorporez le tahin, le reste de yaourt, le jus de citron et 6 à 8 cuillerées à soupe d'eau (selon la consistance souhaitée). Salez et poivrez ce dip. Lavez les feuilles de salade et essorez-les. Lavez les tomates et coupez-les en rondelles après avoir éliminé le pédoncule. Lavez le concombre, coupez-le en quatre ou en huit dans la longueur et retaillez-le en petits dés.

4 Disposez les feuilles de salade dans des assiettes ou un plat, répartissez les rondelles de tomate et les dés de concombre dessus. Déposez les falafels avec quelques gouttes de sauce. Décorez avec le reste des feuilles de menthe et, si vous voulez, quelques pincées de poivre. Servez avec le dip.

Croquettes de millet au poireau et purée de persil tubéreux

1 Pour les croquettes, versez le bouillon dans une casserole et portez à ébullition, ajoutez le millet et laissez bouillonner 5 minutes. Couvrez et laissez mijoter 15 à 20 minutes, puis laissez refroidir.

2 Pendant ce temps, rincez les germes dans une passoire et égouttez-les. Parez le poireau, fendez-le en deux dans la hauteur, lavez-le, taillez-le en minces languettes puis en petits dés dans l'autre sens. Pelez la gousse d'ail et taillez-la en petits dés. Faites chauffer 1 cuillerée à soupe d'huile dans une poêle et faites-y revenir le poireau et l'ail. Incorporez les germes, faites-les cuire rapidement, puis retirez la poêle du feu.

3 Pour la purée, pelez les racines de persil et coupez-les en morceaux. Faites-les cuire 15 à 20 minutes dans une casserole avec le bouillon, la crème d'avoine, un peu de sel et de poivre.

4 Pendant ce temps, lavez et essorez le ½ bouquet de persil, prélevez les feuilles et ciselez-les finement. Mélangez le millet et le poireau aux germes avec le persil, l'œuf, la farine et l'origan. Lorsque le mélange forme une masse consistante, salez et poivrez ; laissez reposer 10 minutes, puis façonnez 8 croquettes.

5 Pour la purée, lavez et essorez le persil, prélevez et hachez grossièrement les feuilles, mélangez-les avec le jus de citron et le persil tubéreux. Réduisez le tout en purée fine avec un mixeur plongeant et réservez au chaud.

6 Faites chauffer le reste d'huile dans une poêle et faites-y rissoler les croquettes de millet 4 à 5 minutes de chaque côté jusqu'à ce qu'elles soient croustillantes. Répartissez-les dans des assiettes et garnissez-les de purée de persil.

POUR 2 PERSONNES
PRÉPARATION : 45 min
CUISSON : 20 min
PAR PORTION : 660 kcal

POUR LES CROQUETTES :

25 cl de bouillon de légumes
(tout prêt ou maison,
voir conseil p. 82)
100 g de millet
100 g de germes (de haricots
mungo, ou un mélange
de germes asiatiques)
1 gros poireau
1 gousse d'ail
3 cuil. à soupe d'huile d'olive
½ bouquet de persil
1 œuf
2-3 cuil. à soupe de farine
de blé complète
½ cuil. à café d'origan séché
Sel et poivre du moulin

POUR LA PURÉE :

500 g de persil tubéreux
20 cl de bouillon de légumes
12,5 cl de crème d'avoine
1 petit bouquet de persil
1-2 cuil. à soupe de jus de citron
Sel et poivre du moulin

Quenelles d'épinards et lentilles aux légumes

POUR 2 PERSONNES
PRÉPARATION : 25 min
REPOS : 1 h
CUISSON : 45 min
PAR PORTION: 640 kcal

POUR LES QUENELLES :

400 g d'épinards en touffes
½ bouquet de persil
1 oignon
1 cuil. à soupe d'huile d'olive
50 g de fromage à pâte dure
(comté par ex.)
150 g de ricotta
1 œuf
70 g de polenta
Noix de muscade fraîchement
râpée
Sel et poivre du moulin

POUR LES LENTILLES :

1 oignon
2 branches de céleri
1 cuil. à soupe d'huile d'olive
75 g de lentilles du Puy
200 g de tomates concassées
(en brique de carton)
5 cl de bouillon de légumes
½ bouquet de persil
Sel et poivre du moulin

1 Pour les quenelles, parez, lavez et séchez les épinards en éliminant les grosses tiges. Lavez et séchez le persil, prélevez les feuilles et hachez-les finement. Pelez l'oignon et taillez-le en petits dés. Faites chauffer l'huile dans une poêle et faites-y dorer l'oignon. Ajoutez les épinards, salez et poivrez. Faites chauffer en remuant à feu vif jusqu'à ce que les épinards aient perdu leur volume. Incorporez le persil et laissez refroidir. Pressez le mélange avec les mains et hachez-le finement.

2 Râpez finement le fromage. Mélangez-le dans une terrine avec la ricotta, l'œuf et la polenta. Salez, poivrez et muscadez. Ajoutez le mélange aux épinards, mélangez, couvrez et laissez reposer 1 heure au réfrigérateur.

3 Pour les lentilles, pelez l'oignon et taillez-le en petits dés. Parez le céleri (réservez les feuilles) et émincez les branches. Faites chauffer l'huile dans une casserole et faites-y revenir l'oignon et le céleri, ajoutez les lentilles, les tomates et le bouillon, salez et poivrez. Laissez mijoter 25 à 30 minutes à couvert.

4 Pendant ce temps, lavez et épongez le persil, prélevez les feuilles et hachez-les grossièrement avec les feuilles de céleri. Faites chauffer de l'eau dans une grande marmite. À l'aide de 2 cuillères à soupe mouillées, prélevez 10 quenelles dans le mélange à base d'épinards. Faites-les glisser dans l'eau frémissante et laissez-les cuire 8 à 10 minutes ; elles sont cuites quand elles remontent à la surface.

5 Mélangez les lentilles avec le persil et les feuilles de céleri, puis répartissez-les dans des assiettes. Égouttez les quenelles avec une écumoire et posez-les sur les lentilles.

Burger vegan de haricots rouges au piment

POUR 2 À 4 PERSONNES
PRÉPARATION : 50 min
CUISSON : 18 min
PAR PORTION (POUR 4 PERSONNES) : 400 kcal

POUR LES PALETS DE HARICOTS :

1 boîte de haricots rouges
(240 g, poids net égoutté)
1 oignon, 1 gousse d'ail
1 cuil. à soupe d'huile d'olive
1 cuil. à soupe de concentré
de tomate
1 cuil. à café d'origan séché
1 cuil. à café d'épices à chili
(ou de cumin et de piment
de Cayenne)
100 g de riz cuit (de la veille)
2 cuil. à soupe de farine
de pois chiches
Sel et poivre du moulin

POUR LA GARNITURE :

4 pains à burger
100 g de germes d'alfalfa
1 grosse tomate
1 oignon rouge
8 feuilles de laitue
1 avocat
3-4 cuil. à soupe d'huile d'olive

Un grand classique revisité : savoureux, coloré, des haricots à la place de la viande, il ne le cède en rien à l'original. Pour un burger moins riche en calories, remplacez le petit pain blanc par des feuilles de salade.

1 Pour les palets, versez les haricots dans une passoire, en réservant le jus épais du fond de la boîte et un peu de liquide. Pelez l'oignon et la gousse d'ail, taillez-les en petits dés. Faites chauffer l'huile dans une casserole et faites-y revenir l'oignon et l'ail. Ajoutez le concentré de tomate, puis les haricots et 4 à 5 cuillerées à soupe de leur jus. Ajoutez l'origan et les épices. Laissez mijoter à découvert 3 à 4 minutes pour que le liquide s'évapore. Salez et poivrez. Laissez tiédir.

2 Mixez cette préparation en une purée assez grossière. Versez-la dans une terrine, ajoutez le riz et la farine de pois chiches, salez et poivrez. Puis mouillez-vous les mains pour façonner 4 palets avec cette préparation.

3 Réchauffez les pains à burger selon le mode d'emploi du fabricant. Rincez les germes dans une passoire et séchez-les. Lavez la tomate et coupez-la en rondelles. Pelez l'oignon et taillez-le en anneaux. Lavez la salade et essorez-la. Coupez l'avocat en deux et retirez le noyau, pelez chaque moitié et coupez la chair en tranches.

4 Faites chauffer l'huile dans une poêle et faites-y dorer les palets de haricots 4 à 5 minutes de chaque côté, jusqu'à ce qu'ils soient croustillants. Déposez sur base de chaque pain 2 feuilles de laitue, 1 palet de haricots, de l'avocat, des anneaux d'oignon, 1 rondelle de tomate et des germes. Recouvrez de la seconde moitié de pain rond et servez aussitôt.

Curry de légumes au lait de coco et aux épis de maïs

POUR 2 PERSONNES
PRÉPARATION : 20 min
CUISSON : 20 min
PAR PORTION : 180 kcal

1 courgette (100 g)
1 poivron vert
200 g d'épis de maïs cocktail
1 branche de céleri
4 aubergines thaïes jaunes
ou vertes
25 cl de lait de coco
1 cuil. à soupe de pâte de curry
thaï (en bocal ou maison,
voir p. 140)
1 cuil. à soupe de sauce soja
6 feuilles de combava
(voir conseil)
3-4 brins de basilic thaï
2 cuil. à soupe de jus
de citron vert
Sucre brun
Sel

1 Parez et lavez la courgette, coupez-la en rondelles de 5 mm d'épaisseur. Fendez le poivron en deux en retirant les graines, lavez-le et coupez-le en dés de 2 cm. Lavez les épis de maïs et fendez-les en deux. Parez la branche de céleri, lavez-le et émincez-le en biais. Parez les aubergines, lavez-les et coupez-les en quatre dans la longueur.

2 Prélevez la « crème » épaisse à la surface du lait de coco et faites-la chauffer dans une casserole. Ajoutez la pâte de curry et faites chauffer jusqu'à ce que tout le liquide soit évaporé. Versez le reste du lait de coco et la sauce soja, incorporez les feuilles de combava, les légumes préparés et un peu de sel. Faites cuire 15 à 20 minutes à couvert.

3 Pendant ce temps, lavez et épongez le basilic, prélevez les feuilles. Ajoutez dans le curry le jus de citron vert, 2 pincées de sucre et un peu de sel. Servez en parsemant le dessus de feuilles de basilic. Proposez du riz nature en même temps.

Conseil

Les feuilles du citron vert combava, ou « kaffir », se trouvent depuis quelques années au rayon des surgelés dans les magasins de produits asiatiques. Utilisez le nombre voulu de feuilles surgelées et remettez le reste au congélateur.

Poêlée épicée de légumes aux blettes

1 Parez et lavez les ciboules, détaillez le blanc en segments de 2 cm et émincez finement le vert. Pelez la gousse d'ail et le gingembre, taillez-les en petits dés. Pelez la carotte et taillez-la en bâtonnets. Parez la branche de céleri, lavez-la et émincez-la en biais.

2 Fendez le poivron en deux en retirant les graines, lavez-le et taillez-le en larges languettes. Lavez et essorez les blettes, coupez-les également en larges languettes. Rincez les germes de haricots mungo dans une passoire et égouttez-les. Lavez et essorez la coriandre, prélevez les feuilles et ciselez-les grossièrement.

3 Faites chauffer un wok et versez l'huile. Ajoutez le blanc des ciboules, l'ail, le gingembre, la carotte, la branche de céleri et le poivron, mélangez et faites revenir 2 à 3 minutes en remuant. Déglacez avec la sauce soja. Incorporez le bouillon, la sauce pimentée et la sauce hoisin. Poursuivez la cuisson environ 5 minutes en gardant les légumes croquants.

4 Incorporez le vert des ciboules, les blettes et les germes de haricots mungo. Poursuivez encore la cuisson jusqu'à ce que les blettes perdent leur volume. Parsemez de coriandre et servez avec du riz nature.

Conseil

Ce sont des légumes jeunes qui apportent leur croquant dans cette poêlée au wok. Raison pour laquelle il vaut mieux choisir de jeunes feuilles de blette avec leur tige plutôt que des mini-blettes trop tendres.

POUR 2 PERSONNES
PRÉPARATION : 35 min
CUISSON : environ 15 min
PAR PORTION : 290 kcal

4 ciboules
1 gousse d'ail
2 cm de gingembre
1 grosse carotte
1 branche de céleri
1 poivron rouge
150 g de jeunes blettes (par ex. à tige rouge, voir conseil)
100 g de germes de haricots mungo (voir p. 22)
1½ bouquet de coriandre
2 cuil. à soupe d'huile végétale neutre
3 cuil. à soupe de sauce soja
12,5 cl de bouillon de légumes
1 cuil. à café de sauce piquante (par ex. sriracha)
1 cuil. à café de sauce hoisin

Curry d'hiver au chou noir et au brocoli

POUR 2 PERSONNES
PRÉPARATION : 25 min
CUISSON : 30 min
PRO PORTION : 290 kcal

250 g de feuilles de chou noir
(ou de chou kale bien tendres)
250 g de brocoli
2 pommes de terre à chair
ferme (200 g)
1 oignon
1 gousse d'ail
6 cm de gingembre
1 cuil. à soupe d'huile de coco
1-2 cuil. à soupe de pâte
de curry (de Madras par ex.)
2 cuil. à soupe de yaourt nature
200 g de tomates concassées
(en brique de carton)
1 bouquet de coriandre
¼ de cuil. à café de garam
masala
Sel et poivre du moulin

La médecine ayurvédique, pratiquée en Inde depuis 5 000 ans, s'intéresse à la santé au sens large, en accordant une large part à la diététique comme à la méditation. S'inspirant de ce principe, cette recette associe légumes et épices en un équilibre savoureux.

1 Lavez et essorez le chou, éliminez les côtes dures et taillez les feuilles en languettes de 1 cm de large. Parez le brocoli, lavez-le et séparez-le en petits bouquets, pelez les tiges et taillez-les en bâtonnets. Pelez les pommes de terre et coupez-les en dés de 2 cm. Pelez l'oignon, la gousse d'ail et le gingembre ; taillez-les séparément en petits dés.

2 Faites chauffer l'huile de coco dans une marmite, ajoutez l'oignon et l'ail, mélangez et faites-les dorer. Incorporez le gingembre et la pâte de curry en remuant 1 minute. Ajoutez ensuite le chou noir, le brocoli et le yaourt. Faites mijoter 2 minutes. Ajoutez les pommes de terre et les tomates concassées, salez et poivrez. Poursuivez la cuisson 25 à 30 minutes à couvert, en remuant de temps en temps et en ajoutant un peu d'eau si nécessaire.

3 Lavez et essorez la coriandre, prélevez les feuilles et hachez-les grossièrement. Incorporez le garam masala aux légumes, salez, poivrez et parsemez de coriandre fraîche. Servez ce curry d'hiver avec du riz complet ou du pain plat indien.

Tofu à la vapeur
aux épinards et sauce piquante

POUR 2 PERSONNES
PRÉPARATION : 30 min
CUISSON : 15 min
PAR PORTION : 410 kcal

600 g d'épinards
1 gousse d'ail
2 ciboules
1 paquet de tofu ferme (350 g ;
voir conseil)
1 cuil. à soupe de paillettes
d'algues séchées (nori ou arame)
1 cuil. à soupe de graines
de sésame
3 cuil. à soupe de sauce soja
½-¾ de cuil. à café de sauce
piquante (par ex. sriracha)
2 cuil. à soupe d'huile de sésame
1 cuil. à soupe d'huile d'olive
Sel et poivre du moulin

1 Triez les épinards, lavez-les et essorez-les, éliminez les grosses tiges. Pelez l'ail et taillez-le en petits dés. Parez les ciboules, lavez-les et essorez-les, émincez-les finement. Égouttez le tofu, posez-le sur une assiette et poudrez-le d'algues séchées. Portez à ébullition un peu d'eau dans une grande marmite, placez dedans un panier à vapeur avec l'assiette de tofu. Couvrez et faites cuire 12 à 15 minutes à la vapeur.

2 Pendant ce temps, faites griller à sec les graines de sésame dans une petite poêle jusqu'à ce qu'elles dégagent leur parfum. Mélangez dans un bol la moitié de l'ail, la sauce soja, la sauce piquante et 1 cuillerée à soupe d'huile de sésame, les graines de sésame et les ciboules.

3 Faites chauffer l'huile d'olive dans une casserole et faites-y revenir le reste d'ail. Ajoutez les feuilles d'épinard et faites chauffer à feu vif jusqu'à ce qu'elles aient perdu leur volume, salez et poivrez. Répartissez les épinards dans des assiettes et arrosez-les du reste d'huile de sésame.

4 Découpez le tofu en quatre et posez-le sur les feuilles d'épinard, puis arrosez de sauce piquante au sésame.

Conseil

À la différence du tofu le plus courant, à gros pores, qui s'achète en gros blocs, le tofu soyeux contient davantage d'eau et présente une consistance plus douce et crémeuse. Dans les magasins de produits asiatiques, il existe également du tofu soyeux ferme, c'est-à-dire à la texture fine mais ferme de consistance.

Nouilles soba aux champignons et aux fèves de soja

1 Faites cuire les fèves de soja 8 minutes à l'eau bouillante salée, puis égouttez-les dans une passoire. Faites cuire les nouilles soba selon le mode d'emploi indiqué sur l'emballage, égouttez-les dans une passoire. Laissez tiédir les fèves et les nouilles.

2 Pendant ce temps, parez les champignons et, si nécessaire, frottez-les dans un torchon. Coupez les queues et taillez les chapeaux en lamelles épaisses. Parez, lavez et émincez les ciboules. Coupez l'avocat en deux, retirez le noyau, pelez chaque moitié et taillez la chair en dés, mélangez-la avec le jus de citron.

3 Faites griller à sec les graines de sésame avec les algues séchées dans une petite poêle jusqu'à ce qu'elles dégagent leur parfum. Laissez-les refroidir dans une assiette, puis mélangez-les avec le piment. Faites chauffer l'huile végétale dans une poêle, ajoutez les champignons et faites-les rissoler à feu vif, salez et poivrez.

4 Mélangez dans un saladier les nouilles, les fèves de soja, les champignons, les dés d'avocat et les ciboules, ajoutez l'huile de sésame, salez et poivrez. Répartissez cette préparation dans 2 assiettes parsemées du mélange d'algues, de graines de sésame et de piment.

Conseil

Les edamame sont des fèves immatures de soja encore vertes. Vous les trouverez décortiquées et surgelées dans les magasins de produits asiatiques. Ces fèves présentent un triple atout : elles sont riches en protéines, en acides gras oméga-3 et en vitamines.

POUR 2 PERSONNES
PRÉPARATION : 25 min
CUISSON : 8 min
PAR PORTION : 610 kcal

200 g de fèves de soja edamame
surgelées (voir conseil)
100 g de nouilles soba
(à la farine de sarrasin)
100 g de shiitake
3 ciboules
1 petit avocat
1 cuil. à soupe de jus de citron
2 cuil. à soupe
de graines de sésame
1 cuil. à soupe de paillettes
d'algues séchées (nori ou arame)
2-3 pincées
de piment en paillettes
1 cuil. à soupe d'huile végétale
1 cuil. à soupe d'huile
de sésame grillé
Sel et poivre du moulin

Spaghettis aux courgettes, sauce carbonara aux noix de cajou

Qui ne connaît la célèbre sauce carbonara à la crème et aux lardons ? En voici une variante verte au persil et aux courgettes. Pour une version sans gluten, vous pouvez remplacer les spaghettis classiques par des filaments de courgettes, en laissant dès lors de côté les courgettes de la recette ci-dessous.

1 La veille, mettez les noix de cajou à tremper dans un grand bol d'eau toute la nuit.

2 Le jour même, pelez l'oignon et les gousses d'ail ; taillez-les séparément en petits dés. Faites chauffer 1 cuillerée à soupe d'huile dans une poêle et faites-y dorer l'oignon et la moitié de l'ail en remuant. Déglacez avec 10 cl de bouillon et laissez bouillonner jusqu'à ce que l'oignon soit bien tendre et le liquide presque entièrement évaporé.

3 Égouttez les noix de cajou (en réservant leur eau de trempage) et réduisez-les en purée fine dans un mixeur en ajoutant l'oignon fondu et le persil ; rajoutez un peu de bouillon ou d'eau de trempage pour obtenir une consistance crémeuse. Salez, poivrez et muscadez, ajoutez le jus de citron.

4 Faites cuire les spaghettis dans une grande quantité d'eau bouillante en les gardant *al dente*. Pendant ce temps, parez, lavez, essuyez et émincez les courgettes. Lavez et essorez le thym, prélevez les feuilles et hachez-les grossièrement.

5 Faites chauffer le reste d'huile dans une grande poêle et faites-y dorer les courgettes avec le reste d'ail, en déglaçant éventuellement avec un peu d'eau. Ajoutez le thym en fin de cuisson, salez et poivrez. Égouttez les spaghettis et ajoutez-les aux courgettes avec la sauce aux noix de cajou. Réchauffez le tout et répartissez dans des assiettes.

POUR 2 PERSONNES
PRÉPARATION : 10 min
CUISSON : 20 min
TREMPAGE : 12 h
PAR PORTION : 900 kcal

75 g de noix de cajou
1 oignon
2 gousses d'ail
3 cuil. à soupe d'huile d'olive
10-12,5 cl de bouillon de légumes
3 cuil. à soupe de persil haché
2 traits de jus de citron
250 g de spaghettis d'épeautre
3 petites courgettes
½ bouquet de thym
Noix de muscade fraîchement râpée
Sel et poivre du moulin

Pâtes au brocoli et chapelure croustillante

POUR 2 PERSONNES
PRÉPARATION : 30 min
CUISSON : 10 min
PAR PORTION : 770 kcal

400 g de brocolis
200 g de pâtes courtes complètes (par ex. des orecchiette)
1 gousse d'ail
1 poivron rouge
8 tomates séchées à l'huile
8 olives noires dénoyautées
30 g de câpres
4 cuil. à soupe d'huile
3 cuil. à soupe de chapelure de pain d'épeautre
2 cuil. à soupe d'amandes effilées
Sel et poivre du moulin

1 Parez les brocolis, lavez-les et séparez-les en petits bouquets. Pelez les tiges et taillez-les en petits dés. Faires cuire les bouquets et les tiges 8 à 10 minutes à l'eau bouillante salée en les gardant croquants. Dans le même temps, faites cuire les pâtes à l'eau bouillante salée selon le mode d'emploi indiqué sur l'emballage. Gardez-les *al dente*. Égouttez les brocolis dans une passoire et les pâtes dans une autre.

2 Pendant ce temps, pelez et émincez la gousse d'ail. Fendez le poivron en deux en retirant les graines, lavez-le et taillez-le en fines languettes. Égouttez les tomates et taillez-les en languettes. Coupez les olives en deux et hachez grossièrement les câpres.

3 Faites chauffer 2 cuillerées à soupe d'huile dans une poêle et faites-y revenir l'ail. Ajoutez le poivron, la chapelure et les amandes effilées et faites-les dorer en remuant. Ajoutez ensuite les câpres, les tomates et les olives.

4 Mélangez les pâtes, les brocolis et le reste d'huile dans un plat creux, poivrez. Répartissez les pâtes dans des assiettes et parsemez de chapelure croustillante. Ajoutez du parmesan à volonté.

Conseil

Les olives, les amandes et autres fruits secs sont riches en lipides, mais ce sont de « bonnes » graisses, dont il ne faut pas avoir peur. En effet, les acides gras insaturés qu'elles contiennent aident à lutter efficacement contre le surpoids, l'hypertension et le diabète.

Spaghettis au potiron et au radicchio

1 Lavez le potiron, éliminez à la cuillère les graines et les fibres du cœur. Râpez grossièrement le potiron sans le peler. Parez le poireau, fendez-le en deux, lavez-le, taillez-le en languettes dans la longueur, puis en petits morceaux dans l'autre sens. Pelez l'échalote et l'ail, taillez-les en petits dés. Lavez et épongez le thym, prélevez les feuilles et hachez-les finement. Hachez grossièrement les noix.

2 Faites chauffer 2 cuillerées à soupe d'huile dans une cocotte et faites-y revenir en remuant l'échalote, la moitié de l'ail et le poireau. Lorsque ce dernier est légèrement doré, ajoutez le concentré de tomate, puis le potiron râpé, assaisonnez en sel, poivre et piment. Versez le bouillon et laissez cuire 20 à 25 minutes à couvert, en ajoutant à mi-cuisson la crème d'amandes et le thym.

3 Pendant ce temps, faites cuire les pâtes à l'eau bouillante salée selon le mode d'emploi indiqué sur l'emballage. Égouttez-les dans une passoire. Parez les radicchios, lavez-les, coupez-les en huit dans la longueur en éliminant la base mais en veillant à ce que les feuilles tiennent encore ensemble. Faites chauffer le reste d'huile dans une poêle et faites-y rissoler le radicchio avec le reste d'ail à feu vif, jusqu'à ce que la salade perde son volume. Incorporez le vinaigre et le sirop d'érable, salez et poivrez. Gardez-les au chaud à feu doux.

4 Réduisez le potiron et les autres ingrédients en purée avec un mixeur plongeant. Incorporez les spaghettis et réchauffez. Répartissez les pâtes dans les assiettes et posez le radicchio dessus. Poivrez et parsemez de noix concassées.

POUR 2 PERSONNES
PRÉPARATION : 45 min
CUISSON : 25 min
PAR PORTION : 700 kcal

350 g de potiron vert
de Hokkaido
50 g de poireau
1 échalote
1 gousse d'ail
4 brins de thym
2 cuil. à soupe
de cerneaux de noix
3 cuil. à soupe d'huile d'olive
1 cuil. à soupe
de concentré de tomate
1-2 pincées de piment
en paillettes
25 cl de bouillon de légumes
(tout prêt ou maison,
voir conseil p. 82)
15 cl de crème d'amandes
150 g de spaghettis
250 g de radicchio
1 cuil. à soupe
de vinaigre balsamique
1 cuil. à soupe de sirop d'érable
Sel et poivre du moulin

Gratin de pâtes au crumble vert

POUR 2 PERSONNES
PRÉPARATION : 30 min
CUISSON : 45 min
PAR PORTION : 930 kcal

POUR LE GRATIN :

1 chou romanesco (500 g,
ou à défaut du chou-fleur)
180 g de grosses coquillettes
complètes
60 g de comté
80 g de crème fleurette
1 cuil. à soupe de crème fraîche
épaisse
5 cl de bouillon de légumes
Sel et poivre du moulin

POUR LE CRUMBLE :

40 g de pain complet
40 g de parmesan en bloc
20 g d'amandes
1 gousse d'ail
4 brins de basilic
¼ de bouquet de persil
1-2 branches de céleri
2-3 cuil. à soupe d'huile d'olive
Sel et poivre du moulin

1 Pour le gratin, parez le chou, lavez-le et séparez-le en petits bouquets, taillez éventuellement les plus gros en deux. Faites-les cuire 15 minutes à l'eau bouillante salée en les gardant croquants, puis égouttez-les dans une passoire. Faites également cuire les pâtes à l'eau bouillante salée selon le mode d'emploi indiqué sur l'emballage, égouttez-les quand elles sont *al dente*.

2 Pour le crumble, coupez le pain en morceaux, émiettez grossièrement le parmesan et passez le tout au hachoir électrique avec les amandes : le mélange obtenu ne doit pas être trop fin. Pelez la gousse d'ail et hachez-la. Lavez les herbes et le céleri, séchez-les et hachez-les grossièrement, puis ajoutez-les dans le hachoir avec l'huile et l'ail. Actionnez l'appareil jusqu'à consistance homogène, salez et poivrez.

3 Préchauffez le four à 200 °C. Râpez finement le fromage et mélangez-le dans un bol avec les crèmes et le bouillon, salez et poivrez. Mélangez dans un plat à gratin les bouquets de chou, les pâtes et la sauce au fromage. Étalez dessus la pâte à crumble verte et enfournez à mi-hauteur. Faites cuire 25 à 30 minutes (baissez à 180 °C à chaleur tournante) jusqu'à ce que le dessus soit doré.

Conseil

La pâte à crumble convient également très bien pour un gratin de courgettes aux aubergines : disposez dans un plat, en couches alternées, des rondelles de courgettes, d'aubergines et de tomates, salez et poivrez, recouvrez de crumble, et faites cuire au four comme ci-dessus.

Pizza verte aux artichauts et à la roquette

POUR 2 À 4 PERSONNES
PRÉPARATION : 45 min
CUISSON : 45 min
REPOS : 5 h 45
**PAR PORTION (POUR
4 PERSONNES)** : 570 kcal

POUR LA PÂTE :

¼ de cube de levure
de boulanger (10 g)
½ cuil. à café de miel
150 g de farine d'épeautre
(T630)
100 g de farine
complète d'épeautre
3 cuil. à soupe d'huile d'olive
Sel
Farine pour le plan de travail

POUR LA GARNITURE :

1 gousse d'ail
3 cuil. à soupe d'huile d'olive
200 g de tomates concassées
1 boîte de cœurs d'artichaut
au naturel (240 g égouttés)
125 g de mozzarella
de bufflonne
50 g de parmesan en bloc
70 g de roquette
et autant de mini-blettes
1 bouquet de basilic
Sel et poivre du moulin

1 Pour la pâte, mélangez dans un bol la levure et le miel avec 5 cl d'eau tiède, couvrez et laissez lever 15 minutes dans un endroit chaud. Pendant ce temps, réunissez les farines dans le bol d'un robot avec ¾ de cuillerée à café de sel. Mélangez l'huile avec 8 cl d'eau tiède et versez-la dans la farine avec le mélange à la levure. Pétrissez le tout 4 minutes avec l'appareil muni du crochet et réglé sur la vitesse minimum, en rajoutant un peu d'eau si nécessaire. Continuez à pétrir 3 à 4 minutes en augmentant la vitesse. Mettez la boule de pâte sur le plan de travail fariné et pétrissez-la avec les mains en la frappant de part en part. Couvrez-la d'un torchon et laissez lever 30 minutes dans un endroit chaud.

2 Partagez la pâte en quatre portions. Abaissez chacune sur le plan de travail fariné en un disque de 1 cm d'épaisseur et déposez-les sur 2 tôles de four tapissées de papier sulfurisé. Couvrez-les d'un torchon et laissez reposer au frais 1 à 5 heures (le plus long sera le mieux).

3 Pour la garniture, pelez et émincez l'ail. Faites chauffer 1 cuillerée à soupe d'huile dans une poêle et faites-y revenir l'ail. Ajoutez les tomates, salez et poivrez. Laissez frémir la sauce environ 30 minutes à feu doux en remuant de temps en temps, puis laissez refroidir.

4 Préchauffez le four à 250 °C. Égouttez les cœurs d'artichaut et coupez-les en quartiers dans la hauteur. Coupez la mozzarella en morceaux. Détaillez le parmesan en copeaux. Triez, lavez et essorez la roquette et les blettes. Lavez et séchez le basilic, prélevez les feuilles. Étalez la sauce tomate sur les disques de pâte, puis garnissez-les de mozzarella et de cœurs d'artichaut. Faites cuire les pizzas 15 minutes dans le bas du four jusqu'à consistance croustillante. Avant de servir, garnissez-les de roquette, blettes et basilic. Arrosez-les avec le reste d'huile, ajoutez les copeaux de parmesan, salez et poivrez.

Du green en petites touches

Ce sont comme de bons amis toujours là quand on a besoin d'eux : les condiments et les mélanges d'épices, les pickles et les légumes en conserve, prêts à l'emploi dans le placard, sont incontournables pour agrémenter des pâtes, apporter un petit plus aux salades et aux sandwichs. Bientôt, vous ne pourrez plus vous en passer.

Pesto en trio

Rien de plus rapide et facile à préparer qu'un pesto. Ses variantes et emplois sont multiples, et pas obligatoirement avec des pâtes. Il est parfait avec les spaghettis de légumes et les légumes à la vapeur. Et bien sûr, tout aussi délicieux sur des crostini. *

PESTO À L'AIL DES OURS

Faites griller à sec dans une poêle **2 c. à s. de graines de tournesol** ; laissez refroidir. Lavez, essorez et ciselez **150 g d'ail des ours**. Émiettez **30 g de fromage de brebis** à pâte dure. Réduisez ces ingrédients en purée fine au mixeur avec **12 cl d'huile d'olive et 1 c. à s. de jus de citron**. Salez et poivrez.

PESTO AU CRESSON

Faites griller à sec dans une poêle **30 g de cerneaux de noix** ; laissez refroidir. Lavez et essorez **1 bouquet de cresson de fontaine (100 g) et 25 g de feuilles de persil**. Émiettez **25 g de pecorino**. Pelez et hachez **1 gousse d'ail**. Réduisez ces ingrédients en purée fine au mixeur avec **10 cl d'huile d'olive et le zeste râpé de ½ citron bio**. Salez et poivrez.

Chaque recette fournit environ 20 cl de pesto. Si vous avez un reste, recouvrez-le d'une fine couche d'huile : il se conservera ainsi plus longtemps au réfrigérateur.

PESTO AUX FANES DE CAROTTE

Lavez et essorez les fanes de **1 ou 2 bottes de carottes** ; ciselez les sommités de ces fanes (75 g). Faites griller à sec **2 c. à s. de graines de sésame**. Pelez et hachez **1 gousse d'ail**. Réduisez ces ingrédients en purée fine en ajoutant **50 g de noix de macadamia salées et grillés, ½ c. à c. de cumin en poudre, 2 c. à s. de jus de citron vert et 10 cl d'huile de tournesol**. Salez et poivrez.

Épices miracle

Ne manquerait-il pas un petit rien ? Cette pincée d'épices au goût subtil qui métamorphose un plat, lui apporte une touche de raffinement inattendu. Quel bonheur que d'avoir sous la main l'un de ces petits trésors disponibles à tout moment. *

PÂTE DE CURRY VERTE

Pelez et coupez **3 échalotes, 5 cm de gingembre et 2 gousses d'ail.** Lavez et taillez **5 piments verts.** Parez et hachez **4 tiges de citronnelle.** Réduisez ces ingrédients en purée fine au mixeur avec **3 à 4 c. à s. d'huile de soja ou de colza et 4 c. à s. de jus de citron vert.** Salez et ajoutez **¾ de c. à s. de cumin en poudre et 2 pincées de curcuma.** Parfaite pour les currys, les poêlées au wok et les dips.

DUKKAH AUX GRAINES

Faites griller à sec dans une poêle **3 c. à s. de noisettes,** autant de **graines de courge** et **2 c. à s. de gaines de sésame.** Hachez-les au mixeur. Faites griller dans une poêle **½ c. à c. de grains de poivre noir, 2 c. à c. de graines de cumin et 1 c. à c. de graines de coriandre.** Pilez-les dans un mortier avec **2 c. à s. de gros sel de mer, 2 à 3 pincées de piment et 1 c. à c. d'origan séché.** Mélangez le tout. Idéal sur les salades, les légumes ou sur du pain arrosé d'huile.

CONDIMENT VERT

Lavez, essorez et hachez grossièrement **40 g de persil, 2 brins d'estragon, 2 brins de livèche et 50 g d'ail des ours.** Pilez ces herbes dans un mortier avec **le zeste râpé de 1 citron bio et 75 g de gros sel de mer.** Laissez sécher le tout 4 à 5 heures sur la tôle du four à 50 °C. Laissez refroidir dans le four éteint. Ce condiment apporte une touche de fraîcheur dans de nombreux plats.

La pâte de curry se garde dans un bocal à vis 2 semaines au réfrigérateur. Le dukkah et le condiment vert, gardés dans un endroit sombre sous emballage hermétique, conserveront leur arôme pendant plusieurs mois.

Kimchi au chou chinois

POUR 1 BOCAL DE 2 L ENVIRON
PRÉPARATION : 1 h
REPOS : 4 à 5 jours
PAR BOCAL : 600 kcal

250 g de chou chinois
150 g de sel de mer (non raffiné si possible)
1 petit oignon
4 gousses d'ail
3 cm de gingembre
1 petite pomme
20 cl de bouillon de légumes (tout prêt ou maison, voir p. 94 le bouillon asiatique par ex.)
2 cuil. à soupe de farine de riz (ou 3 cuil. à soupe de riz fermenté)
4 cuil. à soupe de chosun ganjang (sauce coréenne pour la soupe ou, à défaut, de sauce soja)
1 cuil. à soupe de sucre
70 g de gochugaru (poudre de piment coréenne)
Sel

1 La veille, coupez le chou chinois en deux dans la hauteur en éliminant le trognon. Lavez les feuilles et taillez-les en languettes de 4 cm de large, en coupant en deux les côtes épaisses. Faites dissoudre le sel de mer dans un peu d'eau chaude, puis ajoutez 1,5 litre d'eau froide pour allonger cette saumure. Mettez le chou chinois dans une grande terrine et versez la saumure. Posez une assiette sur le chou et recouvrez le tout d'un torchon. Laissez macérer 12 heures ou toute la nuit.

2 Le jour même, pelez et coupez en morceaux l'oignon, les gousses d'ail et le gingembre. Pelez la pomme et coupez-la en quatre, retirez le cœur et les pépins, et taillez-la en morceaux. Réduisez ces ingrédients en purée fine dans un blender ou un robot en ajoutant le bouillon. Incorporez la farine de riz. Versez cette purée dans une jatte et ajoutez le chosun ganjang, le sucre et le gochugaru (le goût doit être assez piquant).

3 Lavez le chou chinois plusieurs fois à l'eau froide et égouttez-le ; la plus grande partie du sel doit avoir disparu et les feuilles doivent avoir juste un agréable goût salé. Mettez le chou chinois dans une terrine avec les trois quarts de la purée au piment et pétrissez le tout (en portant de préférence des gants de protection). Rectifiez l'assaisonnement en sel, sucre, chosun ganjang ou gochugaru. Versez le tout dans un bocal ou un pot en céramique. Délayez le reste de purée au piment dans 10 cl d'eau et versez sur le chou, qui doit être recouvert de liquide. Posez un couvercle qui ne soit pas hermétique.

4 Laissez reposer 4 à 5 jours à température ambiante : le kimchi commence à fermenter lorsque des petites bulles remontent à la surface. Fermez le pot et placez-le au réfrigérateur. Au début, retirez le couvercle de temps en temps pour que les gaz de fermentation puissent s'échapper : il est possible de consommer ce chou fermenté dès ce moment-là, mais il est bien meilleur au bout de 1 à 2 mois.

Chips de chou kale
aux noix de cajou et au citron

POUR 10 PERSONNES
PRÉPARATION : 20 min
CUISSON : 1 h 15
PAR PORTION : 40 kcal

150 g de chou kale
2 cuil. à soupe
de purée de noix de cajou
2 cuil. à soupe de jus de citron
1 cuil. à café de curry en poudre
½ cuil. à café
de cumin en poudre ✳
2 cuil. à soupe
de flocons de levure
Sel

1 Préchauffez le four à 120 °C (un four à chaleur tournante réglé sur 100 °C est préférable). Lavez les feuilles de chou, essorez-les et taillez-les en bouchées.

2 Mélangez dans une grande terrine la purée de noix de cajou et le jus de citron, ajoutez 6 cuillerées à soupe d'eau, la poudre de curry, le cumin et une bonne pincée de sel. Ajoutez les feuilles de chou et remuez bien pour qu'elles soient entièrement enrobées de cette crème. Incorporez délicatement les flocons de levure.

3 Répartissez les morceaux de feuilles de chou sur la tôle du four tapissée de papier sulfurisé et enfournez à mi-hauteur. Laissez-les sécher 1 heure à 1 h 15 jusqu'à ce qu'elles soient croustillantes, en les retournant délicatement à mi-cuisson avec une cuillère. Laissez refroidir les chips et conservez-les dans un bocal ou une boîte en plastique hermétiques.

Conseil

Le grignotage n'est pas forcément un péché : il suffit de choisir des feuilles, soit crues, soit sous forme de chips (voir aussi ci-contre) ou encore des pois chiches grillés (voir p. 58). Constituez une petite réserve de ces gourmandises pour satisfaire votre envie de grignotage à tout moment.

✳ *Le cumin stimule le métabolisme et facilite l'absorption de certains aliments difficiles à digérer comme le chou.*

Chips de betterave au sésame et au cumin

1 Préchauffez le four à 100 °C. Pelez les betteraves et taillez-les en fines rondelles (en portant des gants pour éviter de vous colorer les mains). Pelez la gousse d'ail et pressez-la dans une terrine, incorporez en remuant le tahin, le sirop d'érable, le jus de citron et 4 à 5 cuillerées à soupe d'eau. Ajoutez ensuite les herbes et les épices.

2 Mélangez intimement les rondelles de betteraves dans cette préparation, avec les mains, jusqu'à ce qu'elles soient bien enrobées. Déposez-les ensuite sur la tôle du four tapissée de papier sulfurisé.

3 Enfournez à mi-hauteur et faites cuire 1 heure à 1 h 15 (baissez à 115 °C à chaleur tournante) jusqu'à ce que les betteraves soient sèches et croustillantes, en les retournant délicatement au bout de 35 à 40 minutes et en séparant celles qui restent collées. Laissez-les refroidir et conservez-les dans un bocal ou une boîte en plastique hermétiques.

Conseil

Le sésame, véritable aliment « beauté », est riche en acides gras oméga-6 et en acides aminés, essentiels pour une peau saine, de beaux cheveux et des ongles solides. J'ai toujours un bocal de tahin dans mon placard : idéal comme ingrédient de base d'une sauce, d'un dip ou pour tartiner un sandwich.

POUR 10 PERSONNES
PRÉPARATION : 15 min
CUISSON : 1 h 15
PAR PORTION : 60 kcal

700 g de betteraves crues
de plusieurs couleurs
1 gousse d'ail
2 cuil. à soupe bombées
de tahin (pâte de sésame)
1 cuil. à soupe de sirop d'érable
6 cuil. à soupe de jus de citron
1 cuil. à café de thym séché
½ cuil. à café d'origan séché
¾ de cuil. à café
de cumin en poudre
2 pincées de chili en poudre
Sel et poivre du moulin

POUR 1 BOCAL DE 50 CL
PRÉPARATION : 25 min
REPOS : 12 h
PAR BOCAL : 120 kcal

1 grosse carotte
100 g de daikon
200 g de concombre bio
1 piment rouge
3 cm de gingembre
1½ cuil. à café de sucre brun
2 cuil. à café de sel
6 cuil. à soupe de vinaigre de riz

Pickles
à l'asiatique

1 Pelez la carotte et le daikon. Lavez le concombre, coupez-le en quatre dans la longueur et éliminez les graines. Détaillez ces légumes en très fines languettes ou en julienne. (Si vous possédez un couteau spirale, vous pouvez faire des spaghettis de légumes.)

2 Fendez le piment en deux en retirant les graines, lavez-le et taillez-le en petits dés. Pelez le gingembre et taillez-le en petits dés. Mélangez les légumes dans une terrine avec le piment, le gingembre, le sucre, le sel et le vinaigre, en les pétrissant légèrement. Versez-les ensuite dans un bocal en pressant bien. Laissez ces légumes mariner 12 heures ou toute la nuit au réfrigérateur.

3 Les pickles asiatiques se conservent environ 1 semaine au réfrigérateur ; à chaque prélèvement, remuez bien le contenu et pressez-le dans le bocal.

Conseil

Ces pickles sont très rapides à confectionner. Ils peuvent remplacer des crudités, garnir un sandwich et de nombreux plats chauds. Si vous en aimez le goût, vous pouvez leur ajouter au moment de servir quelques pluches de coriandre ou de menthe.

Pickles de radis

1 Préchauffez le four à 120 °C. Rincez les bocaux avec leur couvercle, séchez-les et faites-les chauffer 15 minutes au four pour les stériliser. Sortez-les et laissez-les refroidir.

2 Pendant ce temps, faites chauffer dans une casserole le vinaigre et le sucre jusqu'à ce que ce dernier soit dissous. Ajoutez le sel, le laurier, les grains de coriandre et de poivre. Laissez refroidir le mélange.

3 Lavez le citron à l'eau chaude et essuyez-le, prélevez un zeste de 4 cm de long et pressez le fruit. Pelez la tranche de betterave, ajoutez-la dans le mélange au vinaigre avec le zeste et 1 cuillerée à soupe de jus de citron.

4 Parez et lavez les radis, coupez-les en fines lamelles et répartissez-les dans les bocaux, puis versez le mélange au vinaigre. Mélangez pour que les épices soient bien réparties. Fermez aussitôt les bocaux et placez-les dans un endroit frais. Laissez reposer au moins 1 semaine avant de consommer.

Conseil

Petit, tout rond, piquant et très sain, le radis est un allié de votre minceur. L'huile essentielle de moutarde qu'il contient est bénéfique pour l'appareil digestif. Je me réjouis chaque printemps lorsque je vois réapparaître sur le marché les radis de pleine terre. J'en croque quelques-uns tout en préparant mes bocaux de pickles.

**POUR 2 BOCAUX
DE 22 CL CHACUN
PRÉPARATION** : 30 min
REPOS : 1 semaine
PAR BOCAL : 100 kcal

15 cl de vinaigre de cidre
2 cuil. à soupe de sucre
½ cuil. à café de gros sel de mer
½ feuille de laurier
¼ de cuil. à café de grains
de coriandre et autant
de grains de poivre blanc
½ citron bio
1 tranche de betterave rouge
crue
1 botte de petits radis rouges
(200 g)

Concombre mariné à l'aigre-doux

**POUR 2 BOCAUX
DE 30 CL CHACUN**

PRÉPARATION : 35 min

REPOS : 1 semaine

PAR BOCAL : 210 kcal

15 cl de vinaigre de riz

80 g de sucre

½ cuil. à café de sel de mer

1 tige de citronnelle

1 gousse d'ail

2 brins d'aneth,
autant de coriandre
et autant de menthe

½ cuil. à café de piment
en paillettes

1 petit concombre bio
(ou 2-3 mini-concombres bio)

2 cuil. à soupe de gin

1 Préchauffez le four à 120 °C. Rincez et essuyez les bocaux et les couvercles, faites-les chauffer 15 minutes au four pour les stériliser. Sortez-les et laissez-les refroidir.

2 Pendant ce temps, réunissez dans une casserole le vinaigre, 15 cl d'eau, le sucre et le sel. Faites chauffer en remuant pour dissoudre le sucre. Retirez du feu et laissez refroidir.

3 Parez la tige de citronnelle, coupez la base et émincez finement le reste de la tige sur 10 cm. Pelez la gousse d'ail et émincez-la. Lavez les herbes, essorez-les, prélevez les feuilles et ciselez-les finement. Mélangez le tout avec le piment.

4 Lavez le concombre et taillez-le en fines rondelles. Empilez-les dans les bocaux en couches successives en alternant avec le mélange aux herbes. Versez la marinade au vinaigre dessus et ajoutez 1 cuillerée à soupe de gin dans chaque bocal. Fermez les bocaux et laissez-les reposer dans un endroit frais au moins 1 semaine avant de consommer.

Conseil

L'association de l'aigre et du doux excite les papilles et stimule la digestion. Les concombres se marient à la perfection avec la cuisine asiatique. Pour un plat rapide et complet, versez du riz nature dans un grand bol, garnissez de légumes étuvés ou crus et de pickles à l'aigre-doux, ajoutez une petite sauce et une poignée d'herbes aromatiques, et vous avez de quoi satisfaire votre appétit.

Navets à l'ail en rose

1 Pelez les navets et, selon leur taille, coupez-les en huit ou en bâtonnets de 1 cm de large. Pelez la gousse d'ail et taillez-la en lamelles. Pelez la betterave rouge (en portant des gants pour ne pas vous colorer les mains) et taillez-la en bâtonnets.

2 Faites chauffer le vinaigre avec 25 cl d'eau et le sel en remuant jusqu'à ce que le sel soit dissous. Ajoutez ensuite le piment et 12,5 cl d'eau froide ; laissez refroidir.

3 Entassez en couches dans un grand bocal les navets, l'ail et la betterave. Versez le mélange au vinaigre dessus. Posez une assiette sur les légumes pour les empêcher de remonter mais ne fermez pas le bocal hermétiquement. Laissez reposer 1 semaine à température ambiante, puis retirez l'assiette et fermez le bocal.

Conseil

Même à table, il n'est pas interdit de voir la vie en rose ! Avec leur léger piquant, ces navets ont un arrière-goût de raifort, ils excitent les papilles et stimulent le métabolisme. Ils sont délicieux en pickles avec du pain ou dans une salade.

POUR 1 BOCAL DE 60 CL
PRÉPARATION : 25 min
REPOS : 1 semaine
PAR BOCAL : 160 kcal

500 g de navets nouveaux
(sans les fanes)
1 gousse d'ail
1 petite betterave rouge crue
12,5 cl de vinaigre de cidre
ou de vin blanc
2 cuil. à café bombées
de sel de mer
1 morceau de piment rouge